Weißt noch?

Jan Hendrik Neumann

Weißt noch?

Lila Eule, Tanztee und Uschis breite Gürtel

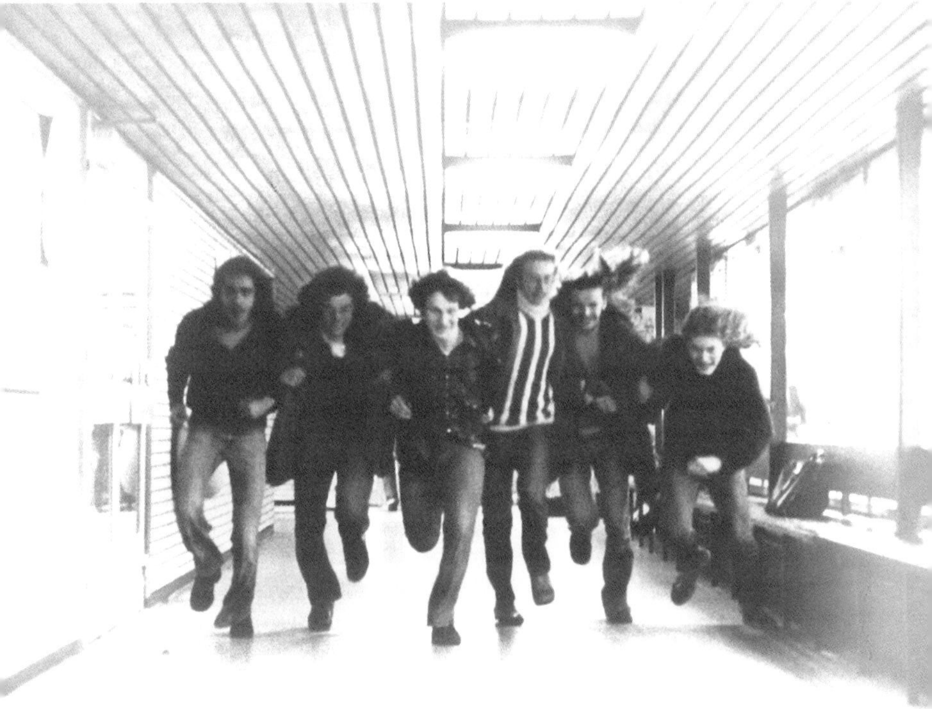

Geschichten & Unerhörtes aus dem

BREMEN

der 60er und 70er Jahre

ABBILDUNGSNACHWEIS:
Alle Aufnahmen Archiv Jan Hendrik Neumann, außer
Markus Ringe: Titel (New York Dolls, mit (v. li.) Johnny Thunders, Autor Jan Hendrik Neumann, David Johansen, Jerry Nolan; Tina Turner), 22, 36, 37
Archiv Ilona Caroli: 30
Archiv Herkules Verlag: 11 (re. oben), 13 (li. Mitte), 32 (unten), 35 (oben), 50, 54, 76 (oben), 78

DANKSAGUNG:
»Für ihre Unterstützung bei der Entstehung dieses Buches – sei es durch inspirierende Zeitzeugenschaft, die Überlassung privater Memorabilia wie auch ganz tatkräftige technische bzw. ideelle Unterstützung – bedanke ich mich herzlich bei Ilona Caroli, Brigitte Donatini, Dr. Klaus Hübotter, Olaf Dinné, Markus Ringe, den Mitarbeitern des Bremer Staatsarchivs, hier insbesondere Detlef Klanke, sowie bei Helmut Plate, Walter Ruß, Ignatz Wilka und meiner Ehefrau Angela Reich-Neumann.«

Jan Hendrik Neumann

2. Auflage 2012
ISBN 978-3-937924-97-7

HERKULES VERLAG, Richard-Strauß-Straße 33, D-34128 Kassel,
Telefon (0561) 9 37 17 38, www.herkules-verlag.de

GESTALTUNG: Jan Hendrik Neumann
DRUCK UND BUCHBINDERISCHE VERARBEITUNG:
Westermann Druck Zwickau GmbH

Inhalt

Uschis breite Gürtel 5
Lange Haare, kurze Röcke und mörderische Hüfthalter
Bartsicher und mit Original-Schwedeneinlage / Hosen-Alarm beim Finanzminister / Selbstgeschneidertes aus dem BEAT-CLUB macht Mode / Passendes zum „bequemen Gammeln" / Wer Glöckchen trägt, muss tapfer sein

Begehrte Flöhe rund um den Roland 13
Einkaufen bis der Elch kommt: Kepa, Konsum und Konsorten
Die Welt am Draht mit GALAXY / Elch stürzt Schrankregalradiobettwand / „VORWÄRTS, und nichts vergessen ..." / Mit anderen Worten: LLOYD fällt für HORTEN / 1000 Jahre Bremer Marktrecht – fast verpasst

Fröhliche Zeiten, durstiger Mond 18
Bremens Musiker zwischen Polizeiwillkür und Beatles-Beifall
Die YANKEES eröffnen den BEAT-CLUB / Mit Jugendschutz gegen »unsittliche Verrenkungen« / Ideale Bühne: die LILA EULE / Weltweite Reaktionen auf PARZIVALs Klassik-Rock

Hochfliegende Träume im Jazzkeller 26
Die LILA EULE politisiert die Jugend und wird ihr Zentrum
Gruppensex und Besuch vom Teufel / Ehekrach um Rudi Dutschke / Getrennt tanzen, vereint schlagen

Beat-Club und Musikladen 32
Radio Bremen schreibt internationale Musikgeschichte
Weltstars spielen für 500 DM / Stöhnen um Uschi / »Der BRAVO-Starschnitt stand dir live gegenüber«

Von der Leinwand zur Mattscheibe 38
Das Fernsehen verdrängt Bremens reiche Kinolandschaft
Erst Superstars, dann Supermarkt / »Bäng Bäng« für AKIs Aktualitäten / Die EULE schwebt ins Cinema / ... und ab in die Schuhschachtel

Ausflüge, Ausgehen, Ausbrüche 45
Hinaus ins pralle Leben: Vom Tanztee zur Haschhöhle
Mit Halali zum Witwenball / Tanz-Tee-Teenager-Parties in der LA PALOMA-GROTTE / Die BREMEN sehen und in den Tierpark / Der TWEN-CLUB – die erste Discothek / Kulturrevolution mit Hilfe von RADIO BREMEN / Neue Freiheiten, neue Betäubungsmittel / Das ALADIN – die erste Großraum-Disco / ... oder doch lieber Schwof im Partykeller?

Fast »eine Zierde der Demokratie« 55
Linke Bremer zwischen KPD-Verbot und Radikalenerlass
Ein kommunistischer Silberwarenhändler? / Bürgermeister Kaisen will Hübotter nicht ehren / Knapp verpasst: Mützelburgs Kündigung

Sprengkörper und Knallköpfe **61**
Echte Bomben, falsche Beschuldigungen: Terror-Fieber
Maschinenpistolen gegen Dreijährige / Kronzeuge und Polizeipräsident als Denunzianten? / Explosionen in der Neustadt und im Hauptbahnhof
Kulturbanausen und H-Verlust **66**
Der „Bremer Stil“ mischt die Bühnenlandschaft auf
Ein Elefant im ALTEN GYMNASIUM / Notstands-Eklat um Bruno Ganz / Thape schmeisst Hübner raus / Königskrönung im Schlachthof
»Nur die vielen Radfahrer stören« **70**
Bremen sportiv: Werder, Wanz und Weserperlen
15 Jahre Rote Karte / Meisterhafte Skatspielerinnen und Querfeldeinfahrer / Radrennen und Catchen locken Hunderttausende / Mit dem GRÜN-GOLD-CLUB zur Weltklasse / Als Bing Crosby zum Golfspielen kam
Tigertanker, Schweinereiter und Blechesel **76**
Von der Borgward-Pleite zum Internationalen Fahrradkongress
»Die Dinger sprangen nie an« / Auseinandergenommen und abgeschleppt
Opsternatsch bis renitent **81**
Keine Angst vor Skandalen: Bremer beziehen Position
Günter Grass: Index statt Literaturpreis / Abriss nach dem Richtfest? / »So etwas würde ich lieber verbrannt sehen« / Auf den Kitzler kommt es an

Jan Hendrik Neumann: geboren 1960, aufgewachsen in Bremen (Schwachhausen/Borgfeld/Ostertor), Besuch der Schule am Baumschulenweg, Abitur am Gymnasium Horn, Studium der Publizistik und Ethnologie in Berlin, Studium der Visuellen Kommunikation mit Schwerpunkt Grafik-Design und Trickfilm sowie Studium der Architektur in Kassel, Diplom-Ingenieur, Pressesprecher, Lokalredakteur, als Freier Journalist u.a. tätig für Deutschlandfunk, Handelsblatt, Neue Zürcher Zeitung, Berliner Zeitung und Kunstzeitung. neumann-777@t-online.de

Von Jazz bis Rock: Die Bremer Konzert-Chronologie der 60er und 70er Jahre*:
*** **1959** *** 10. Februar: **Louis Armstrong,** Glocke *** 22. Oktober: **Benny Goodman** mit **Anita O'Day** und **Red Norvo,** Glocke *** **1960** *** 7. Januar: **Dutch Swing College Band** mit **Humphrey Lyttelton,** Glocke *** 21. März: **George Lewis** und **Mr. Acker Bilk,** Glocke *** 25. Mai: **Papa Bue's Viking Jazzband,** Glocke, danach Club 99 *** **1961** *** 26. Januar: **Albert Mangelsdorff**

Uschis breite Gürtel

Lange Haare, kurze Röcke und mörderische Hüfthalter

Was ziehen junge Leute Anfang der 60er Jahre an? **Karstadt**, Sögestraße / Ecke Obernstraße, Bremens damals größtes Warenhaus, weiß es: im Prinzip das Gleiche wie die Älteren, nämlich *„modisch interessante Kleidung mit* ***sportlichem Pfiff****“*. Im Angebot ist daher unter anderem (*„Ein* ***schmissiges Modell*** *für die Jugend“*) eine *„****schnittige Mohair-Sportjacke****“*, und dazu passend die *„modische* ***Twenhose*** *in guter* ***Strapazierqualität****“*.

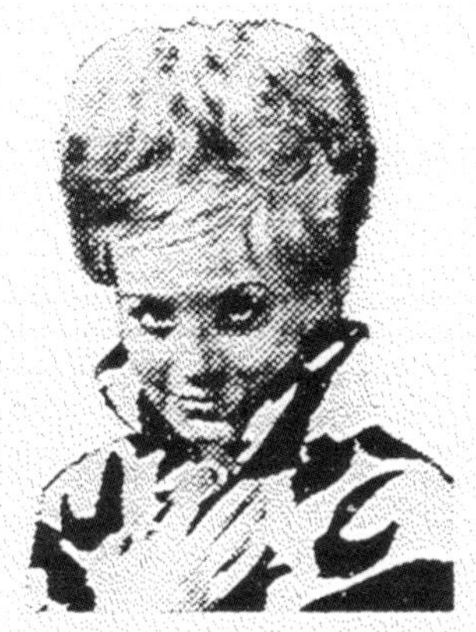

Statt Hamsterbett: Ein schickes Haarteil, das in den 60er Jahren so manchem Kopf zu unverhofftem Volumen verhilft.

Nicht nur reiferen Damen wird das *„interessante Tageskleid in der* ***beliebten Chemiefaser-Qualität – Vorteilhafter Schnitt****“* schmackhaft gemacht, und soll es dazu noch ein hübscher Mantel sein, fällt die Wahl nicht leicht zwischen einem Exemplar mit **Waschbär**-, **Toskanalamm**-, **Persianer**-, **Opossum**- oder gar **Biberlamm-Kragen** – erhältlich bei **C&A Brenninkmeyer**, Am Brill (Slogan: *„Prüfe hier, prüfe da – kaufe dann bei C&A“*).

Wer es noch kuscheliger und voluminöser haben möchte – und dafür kein Hamsterbett einer nachhaltigeren Verwendung zuführen will – greift beherzt zum **Haarteil**, etwa dem „**Dutty**“ (*„mit den 101 Frisiermöglichkeiten – Fertig zum Aussuchen, Aufsetzen, Mitnehmen“*) von **Carl Brehmer & Sohn**, Slevogtstraße / Ecke Parkstraße.

Quintett, Glocke *** 3. Februar: **Louis Armstrong & His All Stars,** Glocke *** 5. April: **Lionel Hampton & His Big Band,** Glocke *** 28. April: **Oscar Peterson Trio,** Glocke *** 22. Mai: **Chris Barber's Jazzband,** Glocke *** 23. November: **Jimmy Giuffre, Paul Bley** & **Steve Swallow,**

Bartsicher und mit Original-Schwedeneinlage

Die Herren der Schöpfung tummeln sich derweil vorzugsweise im Herrenoberbekleidungsspezialgeschäft **Schulze** (Slogan: *„Eine Meinung – Schulze Kleidung"*) oder bei **Weipert & Co.**, Obernstraße, wo es ***„Trevirakrawatten, absolut knitterfrei, bartsicher, fleckensicher"*** gibt. Bei C&A erhalten sie die begehrten **Nyltest**-Hemden, ***„korrekter Kragensitz*** *durch vieltausendfach bewährte* ***elastische Original-Schwedeneinlage"***. Das ist indes erst der Anfang. Denn schon bald darauf kommt die ***„Twen-Elastic-Hose*** *in* ***Helanca-Qualität"*** ins Programm, für die vorsichtshalber ***„volle Bewegungsfreiheit"*** garantiert wird.

Ein textilorientierter Einkaufsbummel führt zu dieser Zeit auch vorbei an der **Modepassage Cords** und bei **Hinrichs & Bollweg**, Sögestraße, beim **Modehaus Ristedt** am Gewerbehaus, bei **Wührmann am Brill**, **Dyckhoff** in der Obernstraße (Slogan: *„Wer ‚angezogen' und nicht nur bekleidet sein will, geht zu ..."*), **Finke** in der Hutfilterstraße und **Harms am Wall**. Der Nachwuchs darf sich dann schon freuen auf den ***„schweren dralon-Pullover*** *mit* ***Rollkragen"***, die ***„strapazierfähige reinwollene Knabenhose*** *mit* ***Vorderhosenfutter*** *und* ***Plastikgürtel"*** oder gar die *„modische* ***Trachtenweste*** *mit* ***farbig angesetzten Kanten****; reine Wolle in* ***marine, grau, gift*** *und* ***rot****;* ***für 2–14 Jahre"***. Anheimelnde Kreationen, mit denen auch das Kaufhaus **Hertie**, Obernstraße, aufwarten kann, denn: ***„Das gefällt unseren Kleinen"***.

Mit Hut – aber gut? Noch bis Ende der 60er trägt die Bremer Polizei den Tschako.

Pest oder Cholera – sehr viel breiter ist das Modeangebot für Kinder in diesem Jahrzehnt nicht: Entweder albern oder wie die Eltern und Großeltern aussehen. Im schlimmsten Fall beides.

Hosen-Alarm beim Finanzminister

Auch in der beginnenden zweiten Hälfte der 60er hält die Plastik-Begeisterung zunächst noch an: ***„Polylux-Hosen*** *aus* ***Diolen*** *sind* ***bügelfrei ge-***

Sendesaal Radio Bremen *** **1962** *** 5. Januar: **Dutch Swing College Band,** Glocke *** 23. April: **Lambert, Hendricks & Ross,** Parkhotel *** 17. Oktober: **American Folk Blues Festival** mit **John Lee Hooker, Memphis Slim, Willie Dixon, Jump Jackson, Sonny Terry & Brownie McGhee, T-Bone Walker, Helen Humes** und **Shakey Jake,** Glocke *** 3. November: **Brown River Jazzband,** Storyville *** **Skiffle Festival,** Glocke *** **1963** *** 13. Oktober: **American Folk**

Faltenrock, Schlips und Kniestrümpfe: So werden Kindergeburtstagsfotos zu Dokumenten des Grauens.

formt *auf* ***Lebenszeit***", lautet eines der Versprechen, und **Peek+Cloppenburg** (Slogan: „*Da weiß man was man hat*") preist seine **Popeline**-Produkte: „*Diese* ***wasserfesten Wettermäntel*** *machen der ganzen Familie Spaß. Vor allem aber dem* ***Finanzminister*** *(**Vater**)*".

Der hat jedoch längst nicht mehr die Hosen an, zumindest nicht allein: So haben die **Gebrüder Leffers** im März 1967 statt den bisherigen **Röcken** ein dreiteiliges **Hosenkostüm** im Programm, und auch Schlagerstar **Wencke Myrhe** wirbt in Hosen für

Blues Festival mit **Memphis Slim, Big Joe Williams, Willie Dixon, Victoria Spivey, Matt „Guitar" Murphy, Sonnyboy Williamson, Lonnie Johnson, Otis Spann** und **Muddy Waters,** Glocke (später als Langspielplatte veröffentlicht) *** **1964** *** 16. April: **Charles Mingus Sextett / Orchestra** (mit **Eric Dolphy**): Sendesaal Radio Bremen *** April: **Max Roach** (mit **Abbey Lincoln**), Sendesaal Radio Bremen *** 11. Mai: **Oscar Peterson,** Parkhotel *** September: **George Rus-**

die Pullis, die es bei **Klepper** in der Bahnhofstraße gibt. Trotzdem soll es noch Jahre dauern, bis Hosen bei Mädchen und Frauen als ganz selbstverständlich akzeptiert sind.

Weitaus präsenter für das weibliche Erscheinungsbild sind stattdessen Produkte wie der bei **Gebrüder Leffers**, Faulenstraße, erhältliche „**special Xtra**"-**Hüfthalter**: *„Garantiert die* ***schlanke Figur*** *durch das* ***zweifache X*** *vorne und hinten"*; später nur getoppt vom Gestöhne des Fernsehspots *„**Mein Hüfthalter bringt mich um**..."*, der höchst eindrucksvollen Werbung für die **Playtex-Zauberkreuz**-18-Stunden-Miederhose.

Selbstgeschneidertes aus dem BEAT-CLUB macht Mode

Wer es richtig ausgefallen haben möchte, ist ab 1967 im **Drop in at Evelyn** in der Langenstraße richtig, wo **Evelyn Frisinger** – ausgestattet mit „**Swingin' London**"-Erfahrung und viel Fantasie – eine Boutique mit London-Importen, etwa aus der berühmten **Carnaby Street**, und Selbstgeschneidertem eröffnet hat. Schon bald darauf ist sie ebenso als Kostümbildnerin für den **Beat-Club** tätig, kleidet deren Tänzerinnen und gelegentlich auch dort gastierende Musiker ein.

Ob mit Pop- oder Op-Art: Hosenanzüge stehen für ein neues weibliches Selbstbewusstsein.

Doch da ist sie nicht die einzige: Auch **Beat-Club**-Moderatorin **Uschi Nerke** muss – dem knappen Produktions-Budget geschuldet – selbst Hand anlegen für ihr Bühnen-Outfit. Angetrieben von den eindeutigen Vorgaben ihres Regisseurs **Michael „Mike" Leckebusch** (»*Kurz, sexy, kein Flimmermuster, nichts Blaues – und ganz irre muss es sein!*«) greift die angehende Architekturstudentin immer häufiger zur Nähmaschine, inspiriert durch den „**Playboy**", dessen Playmates zu dieser Zeit offenbar noch nicht komplett textilfrei abgebildet sind.

sell Sextet, Sendesaal Radio Bremen *** 6. November: **American Folk Blues Festival** mit **Howlin' Wolf, Sonny Boy Williamson, Sam „Lightnin'" Hopkins, Sugar Pie DeSanto, Hubert Sumlin, Willie Dixon, Sunnyland Slim, John Henry Barbee, Sleepy John Estes, Hammie Nixon, John Henry Barbee** und **Clifton James,**

Ihre Modeschöpfungen werden von den jugendlichen **Beat-Club**-Zuschauerinnen begeistert aufgegriffen, und mag **Mary Quandt** auch den Mini-Rock erfunden haben: Zum endgültigen Durchbruch in Deutschland verhilft ihm erst **Uschi Nerke**. Bereits 1966 rutscht ihre Rocklänge eine Handbreit über die bis dahin magische Kniegrenze, gefolgt von Obszönitäts-Vorwürfen der katholischen Kirche und der „**Bild**"-Schlagzeile: „***Trägt Uschi zu kurz?***" Was **Uschi Nerke** in den folgenden Jahren prompt komplett ausreizt, bis aus dem Mini-Rock, nach eigenem Bekunden, nurmehr ein »***breiter Gürtel***« geworden ist.

Die Zuschauer des 53. **Beat-Club** vom 28. März 1970 begrüßt die Moderatorin – die, in diesem Kontext zumindest überraschend, 1999 in die **CDU** eintreten wird – schließlich nackt aus der Badewanne. Der „**Nerke**-Oben ohne-Look" setzt sich allerdings, im Gegensatz zum von ihr Selbstgeschneiderten, nur begrenzt durch. Zeitzeugin **Ilona Caroli** erinnert sich:

*»In den 60ern war es bei uns jungen Leuten verpönt, in diese großen Kaufhäuser zu gehen – die Klamotten mussten ja Ausdruck der eigenen Individualität sein. Da gingen wir dann lieber in kleine Boutiquen, etwa zu „**Lolo's Saloon**" am Wall, der war später dann in der **Hillmann Passage** am Europahaus. Dort gab es mit dem „**Pierre**" ein ebenfalls sehr angesagtes Modegeschäft. Aber die Sachen durften natürlich auch nicht teuer sein. Deshalb wurde damals noch ziemlich viel gebastelt. Da hat man sich zum Beispiel ein einfaches Kleid gekauft und das wurde dann, mit ein paar Metern Litze, nach allen Regeln der Kunst verziert …«*

Der Kleiderbügel zum Kleiderständer: 60er-Model-Ikone Twiggy hat die kaum erreichbaren Traummaße 78-55-80.

Glocke *** 1. Dezember: **Papa Bue's Viking Jazzband,** Schauburg *** 6. Dezember: **Lords,** Theater am Goetheplatz (angekündigt als „Deutschlands beste Twist Formation") *** 7. Dezember: **Liverbirds,** La Paloma-Grotte

Passendes zum „bequemen Gammeln“

Noch geradezu dramatisch wird 1967 die **C&A-Kollektion Rita Wollfarth** angekündigt: *„Was* ***aufgeschlossene Väter*** *über ihre 12–15jährigen Töchter wissen sollten“*, über deren *„****scheinbar verrückte Kleidungs-Ideen****“*. Mit **C&A Diskothek** und der dazu gehörigen Kollektion von *„****Mia+Vicky*** *– zwei* ***amerikanischen Designerinnen in Paris****“* – wird gleich nachgelegt, denn die Abkehr des jungen Publikums vom konfektioniert-braven Look ist allem Anschein nach nicht mehr aufzuhalten. Also setzt man diese Entwicklung doch besser gleich um in klingende Münze: *„Warum nicht einmal Kleider machen mit einem* ***Schuss Mantel****, einer* ***Prise Bluse****, einem* ***Streifen Romantik****, einem* ***Hauch Asien*** *und einer* ***Portion Überraschung****?“*

Junge Männer finden im **C&A twen shop** nun plötzlich *„Hosen zum* ***bequemen Gammeln (Cord)****“, „Hosen zum* ***Auffallen****“, „und für* ***grobes Moped-Wetter*** *haben wir* ***Signal-Jacken*** *aus* ***Lack****“*. Ganz neue Töne, die auch von anderen angestimmt werden: *„****Frei, herrlich frei und ungezwungen das Leben genießen****…* ***Mensch sein****…* ***mit der neuen Sommerkleidung von Peek+Cloppenburg****“*. Hier werden, dem bereits beginnenden Jugend-Wahn geschuldet, gleich noch *„****sportliche Sakkos*** *für* ***lebensfrohe Doppel-Twens****“* angeboten. „Doppel-Twen“ – eigentlich schade, dass sich diese Wortschöpfung nicht dauerhaft durchsetzen konnte.

Wer Glöckchen trägt, muss tapfer sein

Männlich oder weiblich? Die Geschlechtsidentität ist aufgrund der – zumindest im öffentlichen Bewusstsein maßgeblich von den **Beatles** ausgelösten – **Langhaar-Welle** ab 1967 nicht immer auf den ersten Blick zweifelsfrei zu klären. Doch selbst die Bundeswehr erlebt im Rahmen dieser gesellschaftlichen Entwicklung einen Moment haariger Freiheit: Nachdem die

Die Schwerkraft neu entdecken – dank Langhaar-Welle nun auch Männern vergönnt.

*** **1965** *** 22. Januar: **Dutch Swing College Band,** Theater am Goetheplatz *** 26. Januar: **Juliette Greco,** Theater am Goetheplatz *** 7. Februar: **Albert Mangelsdorff Quartett,** Theater am Goetheplatz *** 8. März: **Thelonious Monk,** Sendesaal Radio Bremen *** 10. April: **Beat, Beat, Beat,** u.a. mit **Lords** und **Casey Jones & The Governors,**

Zentrale Dienstvorschrift 10/5 das Tragen langer Haare bis dahin unmöglich gemacht hat, kommt es unter dem damaligen **Verteidigungsminister Helmut Schmidt** im Februar 1971 überraschend zu einem „**Haarnetzerlass**"; Rekruten dürfen ihre Mähne nun behalten, verborgen unter einem olivfarbenen Haarnetz, von dem gleich 740.000 Stück angeschafft werden. Nur 15 Monate später wird **Schmidt**s Erlass allerdings wieder aufgehoben, Bundeswehr-internem Widerstand folgend.

Der eher sackartige Bundeswehr-**Parka** erfreut sich bereits zu diesem Zeitpunkt auch außerhalb der Kasernen größter Beliebtheit, getragen von männlichen wie weiblichen Wesen. Was jedoch, leicht paradox, in der Regel alles andere als militaristisch gemeint ist, wenngleich gewisse uniforme Tendenzen nicht ganz zu übersehen sind: Denn spätestens ab Anfang der 70er gelten **Jeans** als unverzichtbares Kleidungsstück nahezu aller Jugendlichen – und solcher, die sich dafür halten; ob nun in traditioneller indigoblauer **Denim**-Qualität (nur echt, wenn die Farbe langsam ausgeht) oder als **Feincord**-Variante, *„**in vielen heißen Farben**"*, und in der Regel kombiniert mit einem **T-Shirt**.

Die Scham ist vorbei. Dank Uschi Nerke tragen junge Frauen ungeniert Miniröcke. Und sie bekennen freimütig: „Die Beatles? Nicht mein Rhythmus. Ich steh' total auf die Stones!"

Glocke *** **Beat-Show I**, Stadthalle *** 15. August: **II. Beat-Festival für die Jugend** mit **Kinks, Londoners, Lords, Mushroams** und **Musketiere**, Stadthalle *** 7. Oktober: **Ame-**

Wer in Bremen etwas auf sich hält, besorgt Parka wie auch Hose im **American Stock**, Faulenstraße, wo man bei Jeans die größte Auswahl hat – die zugleich denkbar beschränkt ist. Denn wer sich abseits des Trends stellt und statt **Lee**, **Levi's** oder **Wrangler** beispielsweise lieber **Jingler-Jeans** (mit Glöckchen) anzieht, muss schon wirklich mutig sein.

Darüber hinaus wird das Modeangebot jedoch immer breiter und vor allem immer stärker auf den neu zu erobernden Jugendmarkt abgestimmt. Modedesigner dürfen sich dabei hemmungslos auf bislang (aus gutem Grund) unerforschten Feldern der Ästhetik austoben – am liebsten in **Orange-Braun-Beige geblümt**. Das wird zunächst auch begierig aufgegriffen, ob es sich nun um **Hot Pants** (Heiße Höschen), **Maxi-, Disco**-, **Indien**- oder **Schlabberlook**, **Schlag**- oder **Latzhosen**, **Clogs** (Pantoffeln mit Holzboden), **Plateausohlenstiefel**, **Holzfällerhemden** mit **Schmetterlingskragen**, **überdimensionierte Sonnenbrillen** oder ähnliche Exzesse wider die zuvor stark reglementierte Skala für Farbe, Form und Proportion handelt.

Am Ende der 70er Jahre sind die neuen Freiheiten dann weitgehend ausgekostet – mit allen Konsequenzen für den späteren Blick ins Fotoalbum. Doch wem **lange Koteletten** und **Zottelbart** wirklich, wirklich stehen, der trägt beides auch weiterhin – und sei es als Schutz gegen die anbrechenden kalten 80er.

rican Folk Blues Festival mit **Fred McDowell, J.B. Lenoir, Walter Horton, Roosevelt Sykes, Eddie Boyd, Jimmy Lee Robinson, John Lee Hooker, Buddy Guy, Big Mama Thornton** und **Doctor Ross,** Glocke *** 17. Oktober: **Beat-Meisterschaft** *** 27. Oktober: **Beat der Nationen,** mit **Tony Sheridan, Daisy Winters** und **Lords,** Glocke *** 21. November: **Esther & Abi Ofarim,**

Begehrte Flöhe rund um den Roland

Einkaufen bis der Elch kommt: Kepa, Konsum und Konsorten

Ende 1960 bietet das Fernsehangebot noch konkurrenzlosen Überblick. Für ein entsprechendes Empfangsgerät – mit der verlockenden Zukunftsoption: *„Wir garantieren für den Empfang des 2. und 3. Programms, wenn es soweit ist“* – muss trotzdem tief in die Tasche gegriffen werden. Denn obwohl das **Farbfernsehen** erst 1967 eingeführt wird, ist auch ein simpler **Schwarz-Weiß-Fernseher** – wie etwa bei **Radio Tiemann**, Am Markt und in der Knochenhauerstraße 18/19 – kaum unter 698 DM erhältlich; **Musiktruhen** gibt es dort ab 398 DM und **Rundfunkgeräte** von 145 DM an aufwärts. Kein Pappenstiel, denn Industriearbeiter haben zu diesem Zeitpunkt ein durchschnittliches Brutto-Monatseinkommen von 480 DM, Angestellte verdienen etwa 580 DM. Da liegt der Griff zum **Plattenspieler** (ab 49,50 DM) näher; 30.000 passende Schallträger (*„Eine Auslese hervorragender Aufnahmen... ein Genuß, die zu hören“*) stehen bei **Warnke**, dem *„Haus der Musikfreunde“*, Hutfilterstraße 9-13, bereit, schon 1965 mit 100.000 Titeln getoppt von **„die Schallplatte“**, Obernstraße 76 und Pieperstraße 3 (**Chiamulera**-Haus). Dort gibt es später sogar schallgeschützte Hörkabinen, in denen man – aufgelegt von Fachpersonal in beiläufiger DJ-Funktion – seine favorisierten **Langspielplatten** und **Singles** vor dem Kauf testweise anhören kann.

Die Welt am Draht mit GALAXY

Wer sich die neueste Unterhaltungselektronik anschaffen will, kommt – neben dem Gang zum **„hifi studio“**

Glocke *** November: **Peter Brötzmann Quartet**, Lila Eule *** **1966** *** 27. Februar: **3. Internationales Beat-Festival** mit **Spencer Davis Group, Overlanders, German Blue Flames, Yankees, Happy Times, Heart Beats** und **Twinkle,** Stadthalle *** 6. September: **John Lennon** macht bei Dreharbeiten zu **„How I Won the War“** Station auf dem Bremer Flughafen *** 1. Oktober: **Esther & Abi Ofarim,** Glocke *** 17. No-

Radio Röger, Bahnhofstraße/Ecke Breitenweg – ab der zweiten Hälfte der 60er nicht vorbei an **radio barlage**, Schlüsselkorb 26, dessen Sortiment schließlich auch die gesamte Haushaltselektronik umfasst. Nachdem sich möglicherweise schon der Traum vom **Kühlschrank**, vom **Heißwassergerät** (z.B. einem **Thermofix** von **AEG**, *„Millionen testen täglich...“*), einer **Waschmaschine**, einer **elektrischen Nähmaschine** (natürlich mit „**Voll-Zick-Zack**“) oder einem starken **Rühr- und Knetwerk** (wie dem voluminösen **Braun KM 31**) erfüllt hat, kann man dort immer noch staunend und sehnsuchtsvoll eine **Spülmaschine** bewundern, die bis weit in die 70er hinein nur in wenigen Haushalten vorhanden ist.

Ein weiterer Anziehungspunkt bei **barlage**, insbesondere für jüngere Konsumenten, ist das dort üppig ausgelegte Prospektangebot; im Hinblick auf die musiktechnische Ausrüstung des Jugendzimmers lässt es kaum Wünsche offen. Daheim kann dann in aller Ruhe verglichen werden, welcher „**Weltempfänger**“ wohl das beste Preis-Leistungs-Verhältnis bietet (*»Der hat sogar Seefunk!«*); auch wenn es dann nachher nicht für den üppig bestückten **Galaxy** – natürlich von der Bremer Firma **Nordmende** – sondern nur für seinen klitzekleinen Mittelwelle-Bruder **Mikrobox** reicht. Dessen Batterien sind für gewöhnlich bereits alle, wenn man morgens, den Ohrhöhrer ums linke Bein gewickelt, erwacht – unter der Bettdecke eingeschlafen beim heimlichen Hören von **Radio Luxemburg**, in fieberhafter Erwartung seines aktuellen Lieblings-Hits.

Für den Knopf im Ohr: die „Mikrobox“ von Nordmende.

Elch stürzt Schrankregalradiobettwand

Das Bett, in dem dann erwacht wird, stammt möglicherweise noch von **Möbel-Thäte**, Langenstraße 137-138, (*„Ihr Haus für Musterring-*

vember: **Harald Eckstein Sextett**, Lila Eule *** 15. Dezember: **Beat in Concert ‘66** mit **Spencer Davis Group, Dave Dee, Dozy, Beaky, Mick & Tich, Ian & The Zodiacs, VIP’s** und **Rivets**, Stadthalle *** **1967** *** 26. Februar: **Pop & Beat** mit **Chris Farlowe & The Thunderbirds, Cream (Eric Clapton, Jack Bruce** und **Ginger Baker), Twice as Much, Remo Four, Heart Beats** und **Graham Bonney,**

Möbel"), von **Möbel Rieke**, Knochenhauerstraße (Slogan: „*Das ideale Heim – von Rieke soll es sein*"), der **Möbelpassage Grünewald**, Vor dem Steintor 140/150 („*140 Meter Schaufensterfront*") oder von **Beermann & Kranz**, Faulenstraße 14 („*Bremens erstes Möbelkaufhaus*"). Die Möbelgeschäfte gehen zwar mit der Zeit – so wird etwa aus dem vormaligen **Bremer Möbel Groß-Lager**, hinter dem Kaufhaus **Hertie**, 1967 plötzlich ein **Einrichtungs Center** – aber auch hier ist der Einzelhandel bereits angezählt. Als im April 1976 schließlich im Bremen-nahen Stuhr-Groß Mackenstedt „*das unmögliche Möbelhaus aus Schweden*" **IKEA** eröffnet – damals noch mit **Elch**-Maskottchen – und schon in den ersten drei Tagen 45.000 Besucher anzieht, sind die Würfel gefallen: Bereits wenige Tage später reagieren **Beermann & Kranz**, die noch ein Jahr zuvor flott für ihre „*Schrankregalradiobettwand*" geworben haben, mit Totalausverkauf und Geschäftsaufgabe.

Natürlich aus Holz: der IKEA-Elch-Anstecker.

„VORWÄRTS, und nichts vergessen..."

Bei der Versorgung mit Lebensmitteln hat in Bremen seit deren Gründung 1906 die gewerkschaftseigene **Konsumgenossenschaft** „**Vorwärts**" ein gewichtiges Wörtchen mitzureden; sogar der Worpsweder Künstler **Heinrich Vogeler** hat für sie 1920 ein Werbeplakat entworfen („*Konsumenten! Vereinigt euch in der Konsumgenossenschaft Vorwärts-Bremen!*"). Noch 1960 gibt es über 100 **Konsum**-Läden in allen Stadtteilen, dazu 30 **Konsum**-Schlachterläden und 22 **Konsum**-Selbstbedienungsläden – bis 1969, als sich die nicht zuletzt durch ihre **Rabattmarken** hervorhebende **KGV** mit den Konsumgenossenschaften Bremerhaven und Oldenburg zur **co op Bremen** zusammenschließt. Auch die Läden der **Brema** Kolonialwaren AG und die Hermann F. **Jäger** Lebensmittelfachgeschäfte sind in dieser Zeit oft genug die einzigen Bezugsquellen; lange kann man die Milch bei **Jäger** noch in

Stadthalle *** 29. März: **Beat-Konzert** mit den **Rolling Stones,** zwei 30-Minuten-Konzerte, Vorgruppen: **Easy Beats, Creation, Batman, Achim Reichel,** Stadthalle *** 19. April: **Who,** Vorgruppen: **Giants, Batman, Actions** und **Rondo & Chaine,** Stadthalle (Nachdem sowohl die beiden **Rolling Stones**-Konzerte – 7.600 statt erwarteter 14.000 Besucher – wie auch das **Who**-Konzert – 2.000 Besucher – nicht den Erwartungen entsprechend verlaufen, will Stadtdie mitgebrachte Milchkanne zapfen. Dazu stoßen um 1970, u.a. in der Vahr und in Borgfeld, die **Kafu** Lebensmittel-Discount-Märkte, in Hastedt, Auf der Hohwisch, kommt **Comet**, das *„SB-Kaufhaus neuen Stils“* dazu, und in Horn, auf dem früheren Betriebshof der eingestellten Straßenbahnlinie 4, bereichert das Kaufhaus **Lestra** nun die Einkaufsvielfalt.

Mit anderen Worten: LLOYD fällt für HORTEN

Einige Dimensionen größer hat es bereits 1968 das **mehr wert**, *„Kaufhaus für alle“*, in der Vahrer Straße 197 angegangen, einschließlich seperatem Einrichtungs-Center in einem Gebäude der ehemaligen Schokoladenfabrik **Cadbury-Fray**. Kaum ist 1976 ein Erweiterungsbau an der Ludwig-Roselius-Allee eröffnet, meldet das Unternehmen jedoch Konkurs an; die **Brema** Kolonialwaren Handels GmbH übernimmt daraufhin das Kaufhaus, das nun in ein **plaza** Warenhaus umgewandelt wird (Slogan: *„Alles an einem Platz“*). Mit zahlreichen Filialen, darunter in der Sögestraße, in der Hutfilterstraße und Vor dem Steintor, zählt **Kepa** zu den festen Kaufhaus-Größen neben der in Norddeutschland größten Filiale von **Karstadt** sowie **Hertie**, ergänzt 1972 durch den Neubau von **Horten** in der Papenstraße, für den ein Schmuckstück der Bremer Baugeschichte, das von 1907 bis 1910 errichtete, ehemalige Verwaltungsgebäude des **Norddeutschen Lloyd**, bedenkenlos abgerissen wird. Im Zentrum des **Horten**-Kaufhauses (Slogan: *„Mit anderen Worten: Kauf's bei Horten“*) befindet sich eine riesige, alle Stockwerke umfassende **Lichtskulptur** mit Tausenden von Glühbirnen. Diese sind zum Teil jedoch so schwer zugänglich, dass sie nach dem Verglühen immer seltener ersetzt werden.

1000 Jahre Bremer Marktrecht – fast verpasst

Während die Vorbereitungsarbeiten zur großen **Millennium-Feier** Bremens – geplant für August 1965 – schon auf vollen Touren laufen, macht Staatsarchiv-Direktor **Dr. Karl Heinz Schwebel** Ende 1962 eine folgenschwere Entdeckung: Entgegen allen bis

hallendirektor **Hans Claussen** dort zunächst keine Beatkonzerte mehr stattfinden lassen) *** **Golden Gate Quartet,** Stadthalle *** **1968** *** 24. Januar: **B.B. King** *** 28. Februar: **Bee Gees** und **Procul Harum,** Stadthalle *** 7. Mai: **Insterburg & Co.,** Lila Eule *** Mai: **Peter Brötzmann Octet,** Lila Eule *** 18. Juli: **Equals** mit **Eddy Grant,** Club 99 *** 2. Dezember: **John Mayall's Bluesbreakers,** Glocke *** 16. Dezember: **Beach Boys,** Stadthalle *** **Beat und Dance,** Stadtdahin gültigen Erkenntnissen hat Bremen offenbar nicht erst **965** seine **Marktrechte** erhalten, durch **Kaiser Otto den Großen**, sondern bereits **888**, durch **König Arnulf von Kärnten**. Der Senat unter Bürgermeister **Wilhelm Kaisen** (**SPD**) ist entsetzt: Bremens **eigentliche 1000-Jahr-Feier 1888** – einfach verpasst. Daraufhin werden alle Veranstaltungen für 1965 sang- und klanglos abgesagt – bis man im April 1964 doch noch die Kurve kriegt: Nun soll eben das „**große**" **Marktrecht** gefeiert werden, in aller Bescheidenheit unter das Motto: „***Bremen – ein Jahrtausend Schlüssel zur Welt***" gestellt. Mit einer großen Ausstellung in der **Stadthalle** samt offiziellem Festakt im **Rathaus** erlebt Bremen 1965 so doch noch eine halbwegs gebührende Würdigung seiner ersten rund **1000 Jahre Marktrecht**.

Netter Versuch: Oldenburg heißen – und dann ein Bremen-Lied singen.

Das Plakat zum Schlüsselerlebnis.

Bereits drei Jahre später wird dieses Recht in bis dahin noch nicht gesehener Form genutzt: Nach **Pariser Vorbild** findet ab Herbst 1968 mitten im Herzen der Innenstadt ein **Flohmarkt** statt, mit riesigem Zulauf. Auf dem **Marktplatz**, rund um den **Dom**, den **Roland** und in den angrenzenden Straßen, schließlich bis hinunter zur **Weser** und entlang der **Obernstraße**, wird an bis zu **3.000 Ständen** offeriert, was Dachboden und Rumpelkammer an Wiederverwertbarem hergeben, durchmischt mit Raritäten, Kuriosa, Selbstgebasteltem und Verköstigung. Der zunächst jeweils am ersten Samstag im Mai und September veranstaltete **Flohmarkt** zieht bis zu **100.000 Besucher** an und verliert erst 1980 an Attraktivität, als er erstmals, nun vom **Marktplatz** verbannt, auf der **Bürgerweide** stattfindet.

25 Gramm schwere Erinnerung: die Echtsilber-Medaille.

halle *** **Beat-Meisterschaften,** Stadthalle *** **Tom Jones,** Stadthalle *** **Sammy Davis Jr.,** Stadthalle *** **1969** *** 30. Januar: **Jacques Loussier Trio,** Glocke *** 10. April: **MPS Jazz Concert '69** mit **Milt Buckner Trio, Great Re-Union, Mark Murphy** und **Dave Pike Set,** Sendesaal Radio Bremen *** 3. Mai: **Alexis Korner Group,** Jugendfreizeitheim Aumund *** 10. Mai: **Dave Dee, Dozy, Beaky, Mick & Tich,** Vorgruppen: **Tonics, Beathovens, Happy Times** und **Just Us,**

Fröhliche Zeiten, durstiger Mond

Bremens Musiker zwischen Polizeiwillkür und Beatles-Beifall

Tanzbare Musik machen – im Bremen der frühen 60er noch eine höchst suspekte Angelegenheit. So sind nach Einschätzung der Polizei bereits Sicherheit und Ordnung gefährdet, als während des **Bremer Freimarkts** 1960 die **Jazz-Amateurbands** von **Uwe Schriefer** und **Christian Kaiser Dixieland** spielen, und das in aller Öffentlichkeit. Das Publikum könne dabei in »*unkontrollierbaren Rausch*« versetzt werden und es bestehe die »*Gefahr von Ausschreitungen*«, so die Sorge der Gesetzeshüter. Kurzerhand verbieten sie die weiteren Auftritte der vom **Verkehrsverein** engagierten Musiker. Erst durch ein Machtwort des damaligen **Innensenators** und späteren **Bürgermeisters Hans Koschnick** soll es schließlich doch noch dazu kommen – ein vielleicht nicht zu unterschätzendes Signal für viele junge Bremer Musiker, die zu dieser Zeit gerade ihre Karriere starten. Zumeist spielen sie **Skiffle**, die improvisationsfreudige Mischung aus **Folk**, **Blues**, **Country** und **Jazz**. Auf den Spuren von **Lonnie Donegan** werden dabei – per **Gitarre**, **Banjo**, **Teekistenbass** und **Waschbrett** – so existentielle Fragen gestellt wie jene, ob Kaugummi wohl seinen Geschmack verliert, wenn man es über Nacht an den Bettpfosten klebt.

Die YANKEES eröffnen den BEAT-CLUB

Auch den Sänger und Gitarristen **Jochen Laschinsky** lässt die Bettpfosten-Frage offenbar nicht los: Schon als Schüler mischt er mit bei **The Five Sounds** und den **Five Ide-**

„I scream, you scream“: Skiffle-Veteran Chris Barber beim Posaunenunterricht.

Stadthalle *** 22. Mai: **John Mayall's Bluesbreakers** mit **Mick Taylor** (der wenige Wochen später Ersatzmann für **Brian Jones** bei den **Rolling Stones** wird), Glocke *** 17. November: **Ten Years After** und **Stan Webb's Chicken Shack**, Glocke *** **Barry Ryan**, Stadthalle *** **1970** *** 1. Februar: **Jacques Loussier Trio**, Glocke

ling Potatoe Stompers (**FIPS**), unter anderem 1962 auf der Bühne der **Glocke**, im Skiffle-Wettbewerb mit 23 weiteren Gruppen. Als Verstärker nutzen diese zumeist alte **Röhrenradios**, geprobt wird oft in Jugendheimen, wo gelegentlich auch Wettbewerbe veranstaltet werden, etwa im **Jugendheim Walle**. Das „**Goldene Waschbrett** des Delmenhorster Kreisblattes" ist zwei Jahre später der Gipfel des Erfolges für die **Five Ideling Potatoe Stompers**, an deren Schlagzeug kein Geringerer als **Dieter „Zorro" Zembski** sitzt, später Profi-Fußballer für **Werder Bremen**, **Eintracht Braunschweig** und die **deutsche Fußballnationalmannschaft**. Den Zeichen der Zeit folgend, gründen die Skiffle-Heroen mit den **Mushroams** nun jedoch eine **Beat-Band**. Denn das ist – seit den ersten großen Erfolgen der **Beatles** von 1962 – die neue Musik, die fast alle erfasst hat.

Schon 1963 veranstaltet der Hamburger **Star-Club** daher einen Wettbewerb, auf der Suche nach den „Deutschen Beatles". Die Bremer Gruppe **The Germans** belegt, hinter den **Lords**, Platz 2 und erhält einen Plattenvertrag; Auftritte in ganz Deutschland folgen. Auch die **Mushroams** sind bald bundesweit unterwegs, im Gegensatz zu anderen Lokalgrößen jener Zeit wie **The Twisters**, **The Screamers**, **The Strangers**, **The Chamberlains**, **The Young Ones**, **The Galaxies**, **The Gnomes**, **The Muds**, **The Convicts**, **The Roosters** oder **The Jaguars** haben sie jährlich bis zu 160 Auftritte. Da können auch **The Yankees** nicht mithalten, denen jedoch die besondere Ehre zuteil wird, am 25. September 1965 mit ihrem Titel „**Halbstark**" den ersten von **Radio Bremen** gesendeten **Beat-Club** zu eröffnen – Regisseur **Mike Leckebusch** hat sie zuvor bei

*** 2. Mai: **Humphrey Lyttelton,** Theater am Goetheplatz *** 31. Oktober - 1. November: **Pop-Festival,** u.a. mit **Spooky Tooth, Frumpy, Edgar Broughton Band, Uriah Heep, Witthüser & Westrupp, Ekseption** und **Alexis Korner,** Stadthalle *** 4. November: **Golden Gate Quartet,** Glocke *** 20. November: **Colosseum,** Sendesaal Radio Bremen *** **Brian Auger's Oblivion Express,** Sendesaal Radio Bremen *** **1971** *** 26. Januar: **Jacques Loussier Trio,** Glocke ***

einem ihrer Auftritte im **Burger Landhaus** gesehen und gleich engagiert.

Star am Schlagzeug, an der Rhythmusgitarre und auf dem Fußballplatz: Dieter „Zorro“ Zembski.

Mit den **Mushroams** – **Dieter Zembski** hat dort inzwischen das Schlagzeug gegen die Rhythmusgitarre getauscht – beginnt auch der dritte **Beat-Club** vom 4. Dezember 1965 mit einer Bremer Band. Bereits einige Wochen zuvor, am 15. August, stehen die **Mushroams** – neben Größen wie den **Kinks** und den **Lords** – beim **„II. Beat-Festival für die Jugend“** auf der Bühne der 1965 erstmals

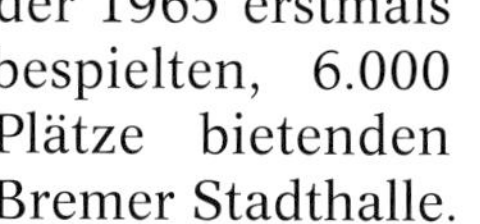

bespielten, 6.000 Plätze bietenden Bremer Stadthalle.

»Zweifelhafte Tanzschritte«: Veranstaltungen wie „Pop & Beat“ – am 26. Februar 1967 in der Stadthalle – ziehen den Argwohn der Bremer Polizei auf sich.

Mit Jugendschutz gegen »unsittliche Verrenkungen«

Die ersten Erfahrungen mit diesen neuen Dimensionen wie auch der neuen **Beat-Kultur** rufen zum wiederholten Male die **Bremer Polizei** auf den Plan. Geführt von ihrem Präsidenten **Oberst a.D. Erich von Bock und Pollach**, fürchtet sie erneut ernste Gefahren für die öffentliche Ordnung und Sicherheit, für »*Sitte und Anstand*«. Denn allein schon die »*Provokation frenetischer Begeisterungsstürme*« birgt nach Polizei-Einschätzungen den »*Keim zu einer gefährlichen Massenhysterie*« in sich, ganz zu schweigen vom »*Hüften schwingenden Mummenschanz*« der Beat-Konzerte, den »*unpassenden Dessous*« der Künstler, ihren »*zweifelhaften Tanzschritten*« und den »*Revue-ähnlichen Zugaben*« – alles »*höchst Jugend gefährdend*«. Der neue – und bundesweit einmalige – Ansatz ist

5. März: **Circle** mit **Anthony Braxton, Chick Corea, Dave Holland** und **Barry Altschul,** Lila Eule *** 23. März, **Soft Machine,** Gondel *** 4. April: **Reinhard Mey,** Glocke *** 13. Mai: **Can,** Stadthalle *** 17. Mai: **Rory Gallagher,** Gondel *** 25. Mai: **Nucleus,** Gondel *** 5. Juni: **Alexis Korner, Peter Thorup** und **Zoot Money,** Lila Eule, danach Theater am Goetheplatz *** 6. Juni: **Brian Auger's Oblivion Express, Guru Guru** und **Alexis Korner,** Glocke *** 20. Juni: **Chris**

daher der **Paragraph 5 des Jugendschutzgesetzes**, in dem es heißt: *„Die Anwesenheit bei Variete-, Cabaret- oder Revue-Veranstaltungen darf Kindern und Jugendlichen nicht gestattet werden“*. Rund 100 unter 16-Jährige werden daher Ende Oktober 1965 – unter wütendem Protest – ausgeschlossen vom „**Beat der Nationen**“ in der **Glocke**, einem Konzert mit **Tony Sheridan**, den **Lords** und **Daisy Winters**. Diese wird überdies von der Polizei ermahnt: »*Keine unsittlichen Verrenkungen!*« Der Bremer Lokalbetreiber (u.a. **Club 99**) und Konzertveranstalter **Hans-Werner Gonschor** hat daher schon nach dem dritten **Beat-Festival** vom 24. Februar 1966 keine Lust mehr auf den damit verbundenen Ärger mit der Polizei, fürchtet gar, sich ein Magenleiden zuzuziehen.

Immer größeren Erfolg ziehen sich stattdessen die aus den **Rousters** entstandenen **The Happy Times** zu, bei denen später – nach der Auflösung der **Mushroams** 1968 – auch **Jochen Laschinsky** mitspielt. Die Band gehört in den folgenden Jahren zu den erfolgreichsten Gruppen Norddeutschlands. Zur Musikszene Bremens und umzu der zweiten Hälfte der 60er, mitunter auch länger, zählen darüber hinaus unter anderem **The Shakespeares**, das **Quintus Quartet**, **The Heart Beats**, **Heavy Stuff**, **The Readys**, **Mama McPottles Brand New Kids**, **The Five Spots**, **The Dandys**, **Linda Lane**, **Feeling & Inspiration**, die **Joe Alby Band**, **Hardroad**, die **Frankie Martin Group**, **The Outcasts**, **Knobloch**, **DRP** – Drogies-

McGregor's Brotherhood of Breath, Lila Eule *** 25. Juni: **Kraftwerk,** Gondel *** 21. September: **Guru Guru,** Sendesaal Radio

22. März 1974: Ella Fitzgerald beim Verlassen des Bremer Parkhotels.

Ranwig-Pickert, **Circum Maximum**, **Tomorrow Too**, **Cravinkel**, **Percewood's Onagram**, **Conny Roy Ulli**, **Grave** und auch die Schülerband **Zwergenschule**, mit dem Sänger und Gitarristen **Richard Kähler** (der später Furore macht als Satiriker, u.a. bei der Zeitschrift **Titanic**) und Drummer **Kai Stellmann**, der – bereits bei **The Convicts** dabei – ebenfalls zur festen Größe in Bremens Bandgeschichte wird.

Ideale Bühne: die LILA EULE

Professionelle Auftrittsmöglichkeiten gibt es vor allem in der **La Paloma Grotte** am Waller Bahnhof (bis diese 1965 abbrennt), dem **Burger Landhaus** und seinem **Old Laramie** (bis beide 1969 abbrennen), im **Club 99** am Herdentorsteinweg 49/50 (bis er 1969 geschlossen wird), im **Studio 200** und im **Star-Club Bremen** am

Tina Turner mit ihrem Promotion-Manager Gerhard Augustin, zuvor Twen-Club-DJ und Beat-Club-Moderator.

Programm der „Lila Eule" Mitte März 1967.

Osterdeich und in der **Lila Eule** in der Bernhardstraße. In der **Eule** finden jedoch vor allem die Jazzer ihr Podium, nicht selten auf Einladung von **Radio Bremen**-Musikredakteur **Siegfried Schmidt-Joos** (später u.a. „**Rock Lexikon**"-Autor), der dort Radioproduktionen aufzeichnen lässt. Schon bei der Eröffnung des legendären Kellerlokals am 4. Januar 1965 spielt das Bremer **Harald-Eckstein-Sextett**; am Schlagzeug: **Rolf „Karlchen" Schmidt**, der als Mitglied der **New Hot Potatoes** (»*Die lustigste Band von ganz Bremen*«) u.a. im November 1962 in der **Glocke** aufgetreten ist, beim **Tanzabend des Jugendamtes**.

Als Mitglied des **Harald-Eckstein-Sextetts** spielt er 1967 nicht nur bei der **EXPO** in Düsseldorf, sondern erhält im Rahmen des **Newport Jazz Festivals** in Montreal schließlich sogar Applaus von den Jazz-Giganten **Miles Davis**, **Woody Herman**, **Buddy Rich**, **Lionel Hampton** und **Don Ellis**. Sein **Harald-Eckstein-Sextett** zählt zu den besonders gern gesehenen Gästen in der **Lila Eule**, von der „**Die Welt**" schreibt: »*Man muss also nach Bremen fahren, wenn man einen idealen Jazzkeller kennen lernen will.*« Das nutzen auch die Jazzgruppierungen um **Ed Kröger**, **Siegfried „Sigi" Busch**, **Uli Beckerhoff** und **Heinz Wendel**. Dieser ist in den 70ern maßgeblich daran beteiligt, als mit dem **Jazzclub Ostertor** und dem **Pub**, Auf den Höfen, weitere Auftrittsorte entstehen und zählt 1975 – wie seine Kollegen **Ed Kröger**, **Siegfried „Sigi" Busch** und **Uli Beckerhoff** – zu den Gründern der **Musikerinitiative Bremen**

Bremen *** 23. September: **Embryo,** Gymnasium am Leipnizplatz *** 28. September: **London Traditional Jazz Festival** mit **Max Collie's Rhythm Aces, Monty Sunshine's Jazzband** und **Ken Colyer's Jazzmen,** Glocke *** 20. Oktober: **Yusef Lateef,** Lila Eule *** 30. Oktober: **Les Humphries Singers,** Glocke *** 4. November: **Oscar Peterson Trio,** Glocke *** 5. November: **Dutch Swing College Band** mit

„Oh Danny Boy": Rademaker, Packeiser & Co. bei ihrem Auftritt am 3. Dezember 1977 im „Kleinen Olymp".

(**MIB**). Die wohl am meisten genutzte Bühne steht in den 70ern im **StuBu** in der Ostendorpstraße. In dieser ehemaligen Studentenkneipe feiert auch die weit über Bremens Grenzen hinaus gefragte, von **Eddie Bartschat** und **Bill McKay** gegründete Funk-Soul-Rock-Formation **Caliber 38** ihre Triumphe.

Mit dem sofort begeistert aufgenommenen Biergarten **Waldbühne**, einem ursprünglich 1890 für eine Gewerbeausstellung im Bürgerpark errichteten Ausstellungspavillon, sind ab 1976 auch regelmäßige „Freiluftkonzerte" möglich – wenngleich Anwohner bereits zwei Jahre später dort gespielten Jazz auf dem Klageweg stoppen wollen. Eine weitere Adresse für allerdings weitgehend begrenzte Phonstärken ist der **Kleine Olymp** im Schnoor, wo Gruppen wie **Rademaker, Packeiser & Co.** spielen, die dort Dudelsackmusik, Irische Folklore und alte Tänze präsentieren.

Joe Venuti, Gondel *** 11. November: **Baden Powell,** Glocke *** 21. Dezember: **Rory Gallagher,** Sendesaal Radio Bremen *** **Cliff Richard & The Shadows,** Stadthalle *** **1972** *** 15. Januar: **Zoot Money,** Jugendfreizeitheim Vegesack *** 21. Januar: **Schobert & Black** und **Ulrich Roski,** Glocke *** 25. Januar: **Les Humphries Singers,** Stadthalle *** 25. Januar: **Uriah Heep,** Stadthalle *** 29. Januar: **Jacques Loussier Trio,** Glocke *** 15. März: **American Folk Blues Fe-**

Weltweite Reaktionen auf PARZIVALs Klassik-Rock

Schon Ende der 60er wird der **Beat** von **Pop** und **Rock** in allen Schattierungen abgelöst. Die erfolgreichsten Bremer Gruppen sind dabei **Parzival** und **Thirsty Moon**. Der „durstige Mond“, benannt nach einer Biermarke und gegründet von **Jürgen** und **Norbert Drogies**, die bereits auf Bühnenerfahrungen als **The Outcasts** zurückblicken können, vermischt **Jazz** mit **Rock**-Elementen und läuft doch unter dem von Englands Star-Diskjockey **John Peel** geprägten Begriff **Krautrock**. Das **Thirsty Moon**-Konzert vom 29. Mai 1975 in der **Lila Eule** – drittes von sechs veröffentlichten Alben – kommt als Live-Mitschnitt in die Plattenläden.

Auch die Band **Parzival**, gegründet als **Beazzic Conservatory** und bestehend aus **Lothar Siems**, **Walter Quintus** und **Thomas Olivier**, die bereits ab Mitte der 60er u.a. als **The Chamberlains** und als **Quintus Quartet** auftreten, besticht durch ganz neue Töne – und vor allem endlos lange Stücke, geformt aus Klassik, Rock, Jazz und Folk. Ihr Erstlingswerk „**Legend**“ findet weltweite Resonanz und wird sogar von den Ex-**Beatles George Harrison** und **Ringo Starr** gewürdigt.

Weitere Bands der frühen 70er sind neben **Association P.C.** u.a. **Heizöl**, **Sitting Bull**, **Loving Blues**, **Deadlock**, **Gash**, **Baal**, **Embrace**, **Train**, **Face Control**, **Eye**, **Breeze**, **Lizard** und **Wolfsmond**. Bei **Wolfsmond**s erster Besetzung spielen nicht nur die einstigen **Zwergenschule**-Mitglieder **Richard Kähler** und **Kai Stellmann** mit, sondern auch zwei ehemalige **The Rattles**-Musiker: **Jochen „Lu Lafayette“ Peters** und **Klaus „George“ Meier**. In den späten 70ern – **Kähler** und **Peters** treten nun als Duo **Rico & Lu** auf – gehören schließlich **Easy Flight**, die **Linda Fields Band**, **Galaxy**, **Cancer**, die **Downers** und **Blender** zu den angesagten Bremer Bands. Über „unsittliche Verrenkungen“ regt sich inzwischen schon längst niemand mehr auf.

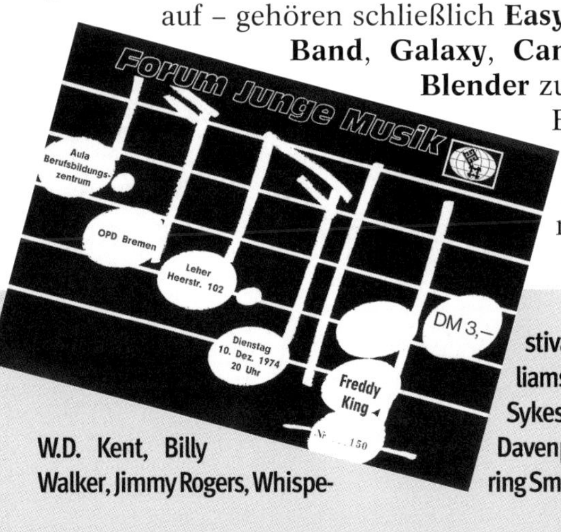

stival mit Bukka White, Big Joe Williams, Robert Pete Williams, Roosevelt Sykes, Memphis Slim, Johnny Young, W.D. Kent, Billy Davenport, Big Mama Thornton, T-Bone Walker, Jimmy Rogers, Whispering Smith, Lightnin' Slim und **Jimmy Daw-**

Hochfliegende Träume im Jazzkeller

Die „Lila Eule“ politisiert die Jugend und wird ihr Zentrum

Zum zentralen Wendepunkt für die Bremer Jugendkultur kommt es im Januar 1965 mit der (**Wieder-**)**Eröffnung** der **Lila Eule**, die sich nun in der **Bernhardstraße 10** im **Ostertor** befindet. Bereits fünf Jahre zuvor hat es sie in ihrer ersten Version gegeben, im noch erhaltenen Keller eines im Zweiten Weltkrieg zerstörten Packhauses in der **Langenstraße 92**. Vom Besitzer **Karl H. Grote** nach eingehender Umwerbung überraschend zur Gratis-Nutzung als Jugendlokal überlassen, macht eine kleine Gruppe um die Architekten **Olaf Dinné** und **Jo Meyer** (später **bauatelier nord**) aus dem 120 qm großen Raum einen der gefragtesten Anlaufpunkte des Jahres 1960. In Lichtgeschwindigkeit zum **größten Fassbierabnehmer der Innenstadt** aufgestiegen, hat die **Lila Eule** ihre weitere Zukunft bereits in der Tasche, als sie schon Anfang 1961 wegen eines geplanten Neubaus wieder schließen muss. **Eule**-Mitgründer **Olaf Dinné**:

»Haake-Beck hat gesagt: Ihr müsst unbedingt etwas Neues machen, und die gaben uns dafür – ohne dass wir irgendwelche Sicherheiten vorweisen konnten – einfach 30.000 Mark in die Hand. Daraufhin haben wir dann das Grundstück, auf dem sich die jetzige Lila Eule befindet, gekauft – auch wieder ein Ruinengrundstück, das erst von allem Schutt befreit werden musste – und darauf ein richtiges Haus gebaut. Das Konzept war, dass oben 20 Einraum-Appartements entstanden, um mit dem dort verdienten Geld zur Not unten, in der Eule, etwas zuschießen zu können. Denn es war klar, dass allein mit dem von uns geplanten Jazz-Lokal nicht sonderlich viel Geld zu verdienen sein würde.«

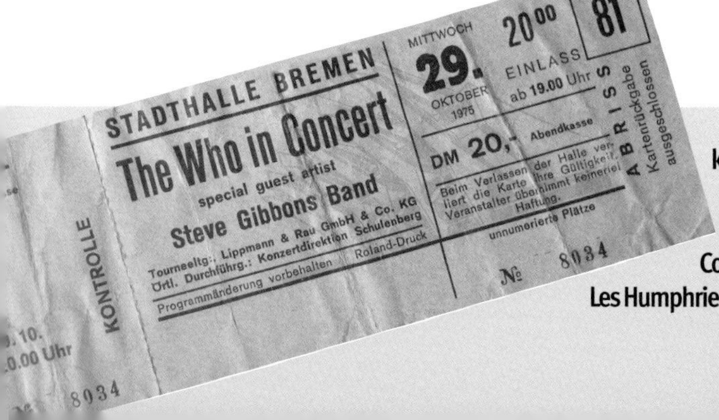

kins Chicago Blues Band, Glocke *** 15. April: **Insterburg & Co.**, Glocke *** 7. Mai: **Les Humphries Singers**, Stadthalle

Gruppensex und Besuch vom Teufel

Die Errichtung der neuen **Lila Eule**, an deren Grundstückskauf sich auch **Hans-Dieter („KDW“) Walgenbach** – Architekt, Statiker und später Makler – sowie **Runold Meier-Naust** – später Konkursverwalter – beteiligen, zieht sich hin bis zur Neueröffnung im Januar 1965. Mit Geschäftsführer **Gert W. Settje** und **Lolo Dinné** im Leitungsteam – das Programm ganz dem neuen Lebensgefühl entsprechend, das weltweit zu spüren ist – entwickelt sich auch die Neuauflage der **Lila Eule** blitzschnell zum großen Renner. **Olaf Dinné**, der sich bei der Gestaltung der **Eule** an der Jazzkneipe **Eierschale** in Berlin orientiert, die er und **Walgenbach** aus ihrer Zeit als Architekturstudenten kennen, erinnert sich:

»Die Eule quoll ja zunächst über vor Musik; ob nun Jazz- und Bluesgruppen, Insterburg & Co. oder Franz-Josef Degenhardt: Sie kamen alle in die Eule. Dazu waren jede Menge experimentelle Filme zu sehen – wie von Godard, die ganzen Nouvelle Vague-Streifen. Es wurden zahlreiche Diskussionen angefangen und viele bekannte Leute, die sonst nirgends in Bremen hätten auftreten können, traten da auf und hielten ihre Vorträge. Und die ganzen Kinder wurden dabei politisiert – wie das damals eben so war.«

Kunsttheoretiker **Bazon Brock** doziert in dem Kellerlokal wie auch der „rote Leutnant“ **Erich Wollenberg**, der in führender Position an der **Novemberrevolution 1918** beteiligt und 1919 in der **bayerischen Räterepublik** u.a. Stellvertretender Oberkomman-

*** 27. Juni: **Just Us** (von **Elton Dean**, Ex-**Soft Machine**), Gondel *** 6. September: **Middle of the Road,** Stadthalle *** 11. September: **Ten Years After,** Stadthalle *** 16. September: **Reinhard Mey,** Glocke *** 5. Oktober: **Chris Barber's Jazzband,** Glocke *** 15. Oktober: **Les Humphries Singers,** Stadthalle *** 29. Oktober: **Chick Corea,** Sendesaal Radio Bremen *** 12. November: **Insterburg & Co.,** Glocke *** 2. Dezember: **London Traditional Jazz Festival** mit

„Lila Eule"-Mitgründer Olaf Dinné (2008) mit der Original-Neon-Leuchte des Kultlokals.

Monty Sunshine's Jazzband, Max Collie's Rhythm Aces und **Jonny Bastable's Chosen Six,** Glocke *** **Johnny Cash,** Stadthalle *** **Bill Haley,** Stadthalle *** **1973** *** 16. Januar: **Chris McGregor's Brotherhood of Breath,** Lila Eule *** 25. Februar: **Dubliners,** Glocke *** 12. März: **Freddie Hubbard,** Lila Eule *** 23. März: **Mr. Acker Bilk's Paramount Jazzband,** Glocke *** 23. März: **Inga & Wolf,** Glocke *** 4. April: **Terje Rypdal,** Sendesaal Radio Bremen *** 6. April: **Da-**

dierender der bayrischen Roten Nordarmee war. Auch **Friedrich Karl Kaul**, **DDR-Staranwalt** und Nebenkläger im Frankfurter **Auschwitz-Prozess** und im Düsseldorfer **Treblinka-Prozess**, spricht zu den **Lila Eule**-Besuchern. Allein im Februar 1968 kommen unter anderem der Soziologe **Günther Amendt** vom **Sozialistischen Deutschen Studentenbund** (**SDS**), um über „**Sex – Einzeln oder in Gruppen?**" zu referieren und die Berliner **Kommune I** rückt an mit **Fritz Teufel**, **Rainer Langhans** und **Dieter Kunzelmann**.

Ehekrach wegen Rudi Dutschke

Legendär wird die Aktion von **Olaf Dinné**, der **Rudi Dutschke**, den bekanntesten Wortführer der Studentenbewegung, im November 1967 in einer Nacht- und Nebelaktion aus einer militanten Demonstration in Berlin heraus zu einem Vortrag in die Bremer **Lila Eule** holt, wo **Dutschke** über „**Außerparlamentarische Opposition in unserer gegenwärtigen Lage**" spricht – und sofort im Anschluss daran wieder zurück nach Berlin gefahren wird. **Ilona Caroli**, damals Stammgast in der **Lila Eule**, erinnert sich an diesen Abend:

»Bei Rudi Dutschke gab es Stuhlreihen, um möglichst viele Leute unterzubringen. Da habe ich eine Nachbarin – die bekam daraufhin wahnsinnig Krach mit ihrem Mann – mitgenommen zu der Diskussion. Eine ganz kreuzbrave Frau, und ich sagte: „Ulrike, Du musst mit! Rudi Dutschke kommt! Wir müssen da hin zur Diskussion!". Dann haben wir da diskutiert, etwas getrunken und kamen gegen 23.30 Uhr wieder

liah Lavi, Stadthalle *** 10. April: **Volker Kriegel Quartett** mit **Eberhard Weber,** Lila Eule *** 11. Mai: **Les Humphries Singers,** Stadthalle *** 12. Mai: **Jacques Loussier Trio,** Glocke *** 23. Juni: **Brainstorm,** vor der TH Bremen *** 12. Juli: **Keith Jarrett,** Sendesaal Radio Bremen *** 25. Juli:

zurück. Da suchte der seine Frau schon auf der Straße und schnauzte sie an: „Eine anständige Frau kommt im Hellen nach Hause!" – so war das damals noch. Was hat der ein Theater gemacht! Die ist dann auch nie mehr mitgegangen.«

Getrennt tanzen, vereint schlagen

Prominente Besucher gehören in der **Lila Eule** schon bald ganz selbstverständlich dazu, darunter vom **Theater am Goetheplatz** Regisseur **Peter Zadek**, Choreograph **Hans Kresnik**, die Schauspieler **Vadim Glowna**, **Bruno Ganz**, **Judy Winter** und **Rolf Bekker** – Vater von **Ben** und **Meret Becker**, aus der Politik **Hans Koschnick**, **Klaus Wedemeyer** und **Klaus Grobecker**, dazu **Manfred Miller** von **Radio Bremen** und auch Showmaster **Rudi Carrell**, den **Beat-Club**-Regisseur **Mike Leckebusch** für dessen ebenfalls von **Radio Bremen** produzierte „**Rudi Carrell Show**" engagiert hat, die 1965 zum ersten Mal ausgestrahlt wird. Über das Stammpublikum der **Lila Eule** sagt **Ilona Caroli**:

»Ab Mitte der 60er war das die zentrale Anlaufstelle. Da wusste man gleich: Hier trifft man Leute, mit denen man schwätzen kann, das war ein Intellektuellen-Treff. Vorne gab es so eine kleine Bühne und auch ein Nebenraum war vorhanden, mit Bistro-Tischen. Man kannte sich ja untereinander, ist mal dahin, mal dorthin gegangen. Das Publikum bestand praktisch aus älteren Schülerinnen und Schü-

„Lila Eule"-Stammgast und Juso-Aktivistin Ilona Caroli.

Ralph Towner, Sendesaal Radio Bremen *** 22. September: **Stan Kenton,** Glocke *** 6. Oktober: **Chris Barber,** Glocke *** 8. Oktober: **Rhythm & Sound 73,** u.a. mit **Volker Kriegel, Albert Mangelsdorff** und **Don „Sugarcane" Harris,** Glocke *** 12. Oktober: **Can,** Stadthalle *** 23. Oktober: **Paul Bley,** Sendesaal Radio Bremen *** 30. Oktober: **Oscar Peterson Trio,** Glocke *** 31. Oktober: **Rory Gallagher,** Stadthalle *** 13. November: **Blind John Davis,** Konsul-Hack-

lern, dann waren da damals viele aktive Lehrerinnen und Lehrer und viele aus weiteren pädagogischen Berufen, dazu noch die Studentinnen und Studenten von der Pädagogischen Hochschule – es war jedenfalls immer brechend voll. Im Sommer gab es deshalb häufiger Krach, weil einige nicht mehr rein kamen; die mussten dann draußen warten, an der frischen Luft. Die Luft in der „Eule“ war hingegen immer zum Schneiden. Man hat sich aber trotzdem bewegt. In dem Sinne Tanzen, Partnertanz: Das kannte man dort nicht. Stattdessen hat sich jeder für sich bewegt. Denn: Zusammen tanzen – das war wirklich verpönt.«

Fünfeinhalb Jahre sorgt die **Lila Eule** für Aufregung in Bremen, ist **Kristallisationspunkt** der Inner- wie **Außerparlamentarischen Opposition**, fungiert als Planungszentrum der **Bremer Straßenbahn-Unruhen** von **1968** und macht das **Ostertor**, in dem die **Lila Eule** steht – das „**Viertel**“, wie es bald im allgemeinen Sprachgebrauch heißt – zum begehrten Anlauf- und Wohnort bei allen, die eine andere Kultur, gar eine andere Republik wollen. Oder am besten gleich beides.

Als die **Lila Eule** im August 1970 nach dreimonatiger Pause unter neuer Leitung wieder öffnet, finden dort auch in den folgenden Jahren noch zahlreiche Konzerte statt, vor allem wird sie nun jedoch als **Discothek** genutzt. Die zuvor einmalige Mischung aus (Eigenwerbung) „**Jazz**, **Beat**, **Folklore**, **Film**, **TV**, **Vorträge**, **Diskussionen**, **Schallplatten**, **Lektüre**, **Schach**“ – sie kommt indes nicht wieder.

feld-Haus *** 9. Dezember: **Insterburg & Co.,** Glocke *** 12. Dezember: **John Warren,** Gondel *** 13. Dezember: **Max Collie's Rhythm Aces,** Glocke *** **1974** *** 4. Januar: **Ulrich Roski,** Glocke *** 23. Januar: **Mr. Acker Bilk,** Glocke *** 31. Januar: **Jacques Loussier Trio,** Glocke *** 6. Februar: **Magma,** Sendesaal Radio Bremen *** 28. Februar: **Reinhard Mey,** Glocke *** 2. März: **Albert Mangelsdorff,** Glocke *** 13. März: **Udo Lindenberg,** Glocke *** 21.

Beat-Club und Musikladen

Radio Bremen schreibt internationale Musikgeschichte

Am Samstag, den 25. September 1965, gibt **Radio Bremen**-Moderator **Wilhelm Wieben** um 16.47 Uhr das Signal zur Revolution:

»Guten Tag, liebe Beat-Freunde. Nun ist es endlich soweit: In wenigen Sekunden beginnt die erste Show im Deutschen Fernsehen, die nur für Euch gemacht ist. Sie aber, meine Damen und Herren, die Sie Beat-Musik nicht mögen, bitten wir um Ihr Verständnis: Es ist eine Live-Sendung mit jungen Leuten, für junge Leute. Und nun geht's los!«

Signalgeber: Radio Bremen-Moderator Wilhelm Wieben.

Damit ist der Damm gebrochen. Mit dem Titel „**Halbstark**" von den Bremer **Yankees** eröffnet, trägt der **Beat-Club** das neue Lebensgefühl des **Beat**, bald das des **Rock**, **Pop** und der aus Amerika aufscheinenden **Hippiebewegung**, bis ins letzte deutsche Dorf, schafft Neuorientierung, und das nicht nur musikalisch. Im Fernsehbereich lange Zeit konkurrenzlos – nicht zuletzt der selbst schnell zur **Pop-Ikone** aufsteigenden **Beat-Club**-Moderatorin **Uschi Nerke** geschuldet – mündet der **Beat-Club** nach 83 Sendungen Ende 1972 über in die Folgesendung **Musikladen**. Diese ist generationsübergreifend konzipiert und bietet zunächst neben **Rock** und **Pop** ein buntes Potpourrie von **Dixieland** bis **Kabarett**. Im Wettbewerb mit Sendungen wie **Disco** (ab 1972) oder **Rockpalast** (ab 1976) läuft der **Musikladen** – den **Uschi Nerke** im Herbst 1978 verlässt – mit insgesamt 90 Ausgaben bis zum 29. November 1984.

BEAT-CLUB

Inspiriert von der Londoner Metro: das Beat-Club-Logo.

März: **Ella Fitzgerald** mit **Joe Pass, Roy Eldridge, Eddie Lockjaw Davis, Tommy Flanagan, Keter Betts** und **Bobby Durham,** Stadthalle *** 9. April: **Jan Garbarek,** Lila Eule *** 9. Mai: **Papa Bue's Viking Jazzband,** Glocke *** 15. Mai: **Jasper van't Hof,** Sendesaal Radio Bremen *** 20. Mai: **Sonny Terry & Brownie McGhee,** Obere Rathaushalle *** 10. Juni: **Blind John Davis,** Festsaal des Neuen Rathauses *** 20. Juni: **Chris Hinze,** Lila Eule *** 16. Juli: **Larry Coryell & the**

Weltstars spielen für 500 DM

Orientiert an den britischen Musikshows „**Ready, Steady, Go!**" (ab 1963) und „**Top of the Pops**" (ab 1964), wird die vornehmlich von **Radio Bremen**-Fernsehregisseur **Michael „Mike" Leckebusch** und dem Bremer **Twen-Club**-Diskjockey **Gerhard Augustin** entwickelte Sendung schnell zum Anlaufpunkt **internationaler Rock- und Popstars**, die hier ein einzigartiges Sprungbrett nicht nur für den deutschen Markt sehen, denn der **Beat-Club** wird schon nach kurzer Zeit in 50 Ländern gesendet, ist Deutschlands erfolgreichster TV-Exportartikel. Dafür spielen die Stars oft nicht nur live, sondern auch noch fast gratis, wie **Brigitte „Biggi" Donatini** berichtet, ab Ende der 60er Jahre Sekretärin bei **Beat-Club**- und später **Musikladen**-Regisseur **Michael „Mike" Leckebusch**:

»Die traten alle für 500 DM auf, wenn sie ohnehin auf Tournee unterwegs waren, ansonsten plus Hotel und Flug. Denn das war für die Künstler ja eine Reklamesendung. Michael konnte mit seiner Riesen-Antennenanlage schon damals alle möglichen Sendungen gucken, und wenn der sagte: „Morgen möchte ich, dass X auf der Bühne steht", dann habe ich den Manager oder die Plattenfirma angerufen, und X wurde frei gemacht. Es hatten ja nur wenige die Chance, in der Sendung aufzutreten. Und wen Michael wollte, den bekam er auch.«

Oktober 1973: Fototermin mit Uschi Nerke und Manfred Sexauer in der Kantine von Radio Bremen.

11th House, Postaula *** 2. September: **Missus Beastly,** Postaula *** 16. September: **Dave Liebman's Lookout Farm,** Postaula *** 18. September: **Deep Purple,** Stadthalle *** 5. Oktober: **Chris Barber,** Glocke *** 24. Oktober: **Graham Collier Music,** Lila Eule *** 27. Oktober: **Nektar,** Stadthalle *** 3. November: **Ike & Tina Turner,** Stadthalle *** 4. November: **Gong,** Postaula *** 6. November: **Herbie Hancock & The Headhunters,** Sendesaal Radio Bremen

14. Februar 1973: T. Rex bei den ersten Proben zu ihrem Titel „20th Century Boy“ im Studio 3 von Radio Bremen

Per Gestaltungswettbewerb in der Fernsehzeitschrift „HÖRZU“ gefunden: das Musikladen-Logo.

So holt **Leckebusch** im Laufe der Jahre fast die gesamte Crème de la Crème des **Beat**, **Rock** und **Pop** in den Bremer **Beat-Club** und zeichnet dabei weit mehr Titel auf als gesendet werden – hier entsteht *das* Musikarchiv der 60er und 70er Jahre. Die ersten Produktionen finden im behelfsmäßigen und kaum schallisolierten **Fernsehanbau** des mitten in einem Wohngebiet gelegenen **Funkhauses** von **Radio Bremen** statt, in der Heinrich-Hertz-Straße 13 in Bremen-Horn, ebenso wird jedoch auch im **Burger Landhaus**, dem „**Tiles**“ und dem „**Marquee Club**“ in London und der Hamburger Festhalle „**Planten un Blomen**“ gedreht. Erst im März 1967 hat das Improvisieren ein Ende: mit der Einweihung des neuerbauten **Fernsehstudios** in Bremen-Osterholz.

29. Mai 1973: Roxy Music auf der Bühne des Musikladen.

Stöhnen um Uschi

Zunächst im Duo mit **Gerhard Augustin**, stehen Moderatorin **Uschi Nerke** beim **Beat-Club** in Folge **Dave Lee Travis** (Piratensender „**Radio Caroline**“ / **BBC**), der Beat-Sänger **Dave Dee** und **Eddie Vickers** (**BFBS**) hilfreich zur Seite – vor allem im Hinblick auf den internationalen Export der Sendung. Den **Musikladen**

*** 30. November: **ABBA**, Glocke (Bremer Nachrichten: »Selten war ein großer Saal so schlecht besetzt«) *** 10. Dezember: **Freddie King**, Postaula *** 12. Dezember: **Mungo Jerry**, Revolution (dazu Besucher Oliver Gray: »Fantastic! Someone in the audience kept buying the band Jägermeister and they kept drinking and playing until they could no longer stand. The next night, the club burned down.«) *** 13. Dezember: **Eberhard Weber** und **Ralph Towner**, Postpräsentiert sie gemeinsam mit **Manfred Sexauer** vom **Saarländischen Rundfunk**, der auf der **Europawelle Saar** ab 1965 die populäre Radiosendung „**Hallo Twen**" moderiert hat und sich daher – ein laut **Brigitte „Biggi" Donatini** nicht ganz unwesentlicher Aspekt – auch bei Bandnamen wie **Dave Dee, Dozy, Beaky, Mick & Tich** nicht verhaspelt:

»Beim Beat-Club waren ja nur die ersten Folgen live, danach wurden Uschis Ansagen immer aufgezeichnet und zwischen die Songs geschnitten. Da ging dann jedes Mal ein Stöhnen durchs Studio: „Oje, heute machen wir Uschi..." Denn obwohl ihr Michael jede Ansage vorher aufgeschrieben hatte, kam sie doch immer wieder ins Stottern. Da der Musikladen im Abendprogramm laufen sollte – und das auch noch live – entschied man beim Sender, neben Uschi besser noch einen weiteren, textsicheren Ansager dazu zu nehmen.«

November 1974: Roxy Music-Sänger Bryan Ferry.

»Der ›BRAVO-Starschnitt‹ stand dir live gegenüber«

Weltbekannte Jazz-, Rock- und Popstars geben sich im **Studio 3** des **Fernsehstudios** von **Radio Bremen** in der Hans-Bredow-Straße 10 die Klinke in die Hand, doch von „Star-Rummel" ist bis Mitte der 70er Jahre nicht viel zu spüren. Man begegnet sich auf Augenhöhe, „**Backstage Pass**" und

aula *** 16. Dezember: **Sweet,** Stadthalle *** **Oregon,** Sendesaal Radio Bremen *** **Les Humphries Singers,** Stadthalle *** **Klaus Doldinger,** Stadthalle *** **1975** *** 13. Januar: **Chris Barber,** Stadthalle (beim 6-Tage-Rennen) *** 25. Januar: **Champion Jack Dupree,** Postaula *** 29. Januar: **Soft Machine** mit **Alan Holdsworth,** Postaula *** 1. Februar: **Planxty,** Glocke *** 2. Februar: **Keith Jarrett,** Glocke *** 10. Februar: **London Traditional Jazz Festival** mit **Rod Mason**

„**Bodyguard**“ sind noch Fremdworte. Die wenigen **Autogramm-Jäger** – darunter der Autor dieser Zeilen – haben damit zumeist freien Zutritt zu den Künstlergarderoben, gelegentlich auch zu den Aufnahmeproben im Fernsehstudio. **Markus Ringe** erinnert sich:

»*Oft waren das stundenlange Warte-Marathons, denn die Bands kamen ja nicht immer zur angekündigten Zeit, manchmal auch gar nicht – bei den **Faces** hast du immer umsonst gewartet. **Traffic** kreuzte erst gegen 23 Uhr auf, dafür aber im vollbesetzten Bus, mit jede Menge Freunden. Da wurde dann im Flur vor den Garderoben Frisbee gespielt. **Bryan Ferry** von **Roxy Music** hat sich für meine Fotos sogar extra in Positur gestellt – der leibhaftige „BRAVO-Starschnitt“ stand dir live gegenüber. Aber zu uns Kindern waren die ja immer nett. Dem Gitarristen von **War** habe ich bei einer solchen Gelegenheit – als 14-Jähriger! – diesen einen Gitarrenteil in „The Sage“ von **Emerson, Lake & Palmers** „Pictures at an Exhibition“ gezeigt. Beim Soundcheck hat er das Ding dann auch tatsächlich auf der Bühne gespielt – und ich war stolz wie Oskar…*«

Gitarrist und Autogramm-Jäger Markus Ringe.

/ **Ian Wheeler Band,**
Band und **Max Collie's**
*** 12. Februar: **Mikis**
*** 18. Februar: **Joachim**
aula *** 27. Februar: **Mr.**

Monty Sunshine's Jazz
Rhythm Aces, Glocke
Theodorakis, Glocke
Kühn Quartett, Post-
Acker Bilk, Glocke *** 10.

Von der Leinwand zur Mattscheibe

Das Fernsehen verdrängt Bremens reiche Kinolandschaft

Bis Ende der 50er Jahre ist hier die absolute **Kino-Hochburg**: Verteilt über ganz Bremen gibt es mehr als 30 Kinos, das größte davon mit fast 1.000 Plätzen. Gemeinsam ins „**Lichtspieltheater**" zu gehen, durchschnittlich **15 mal im Jahr**, gehört einfach dazu. Doch mit der **Einführung des Fernsehens** 1952 ändert sich das, mit rasanter Tendenz. Denn gibt es anfangs lediglich **300 Fernsehteilnehmer** bundesweit, ist deren Zahl bis 1960 bereits auf vier Millionen angewachsen. Immer mehr ziehen nun das „**Wohnzimmerkino**" vor, zu dem man sich zunächst meist noch gemeinschaftlich bei Freunden, Verwandten, Nachbarn oder in Kneipen zusammenfindet, denn anfangs können sich nur wenige eine solche „**Flimmerkiste**" leisten. Da stört es auch kaum, dass diese eher winzig ist, kaum Programmauswahl bietet und erst 1967 – gerade noch rechtzeitig vor der **Fußballweltmeisterschaft in Mexiko** – das **Farbfernsehen** eingeführt wird. In Bremen wie im gesamten norddeutschen Raum blicken stolze Fernseher-Besitzer dabei zumeist auf Geräte von **Nordmende**, die in den ehemaligen Hallen der **Focke-Wulf-Flugzeugwerke** in Bremen-Hemelingen produziert werden. Vor allem die oft üppig dimensionierten **Vorort- und Stadtteilkinos** bekommen diesen unaufhaltsamen Trend zur privaten Mattscheibe zu spüren, viele müssen daraufhin wegen massivem Besucherschwund schließen.

Erst Superstars, dann Supermarkt

Da nützt es auch wenig, dass 1962 die „**Vergnügungssteuer**" von 25 Prozent pro Eintrittskarte auf 15 Prozent gesenkt wird: Noch im gleichen Jahr macht u.a. das 1910 gegründete **Tivoli** in Hemelingen dicht – erst 1977 als **Aladin Music Hall** zu neuem

März: **Gateway Trio** mit **John Abercrombie, Jack DeJohnette** und **Dave Holland** *** 12. März: **Country Joe & The Fish,** Uni-Mensa *** 24. März: **Terje Rypdal,** Postaula *** 9. Mai: **Genesis,** Stadthalle *** 20. Mai: **Isotope,** Postaula *** 29. Mai: **Thirsty Moon,** Lila Eule *** 11. Juni: **Dave Liebman's Lookout Farm,** Lila Eule*** 12. Juni: **Schmetterlinge,** Stubu *** 21. Juni: **John Warren Bigband,** Postaula *** 7. Juli: **Keith Jarrett,** Glocke *** 9. Juli: **Charles Mingus Quintet,**

Bremer Kinos: Einst Platz für mehr als 19.000 Zuschauer

Plätze	Name und Lage	Plätze	Name und Lage
993	**Schauburg** Vor dem Steintor 114	511	**Blende** Woltmershaus. Str. 261
948	**U.T. Am Bahnhofsplatz** An der Weide 13	490	**HeLi,** Hemelinger Bahnhofsstraße 35
900	**Tivoli** Hannoversche Straße 11	468	**Studio für Filmkunst** Herdentorsteinweg 39
858	**Europa** Bahnhofstraße 39	466	**Weserlust** Osterdeich 150
827	**Decla** Waller Heerstraße 44	463	**ArLi-Theater** Kattenturm. Heerstr. 42
734	**Admiral-Palast** Hemmstraße 160/162	442	**Concordia** Schwachh. Heerstr. 17
714	**Rex,** Gröpelinger Heerstraße 163/165	437	**Stern- Lichtspiele** Carl-Ronning-Str. 4-6
709	**Regina** Landwehrstraße 38	416	**Aki** Sögestraße 46
690	**Modernes Theater** Neustadtwall 28	409	**Arberger Lichtspiele** Arberger Heerstr. 42
665	**Odeon-Lichtspiele** Hastedter Heerstr. 244	408	**Camera-Lichtspiele** Horner Heerstr. 31
642	**U.T. Schwachhausen** Schwachh. Heerstr. 207	356	**Rönneberg. Lichtspiele** Dillener Straße 96
625	**Gloria- Lichtspiele** Wilsederberstraße 19a	348	**Lichtburg** Am Geestkamp 3
610	**Oase- Lichtspiele** Lahnstraße 46	346	**RaLi-Filmtheater** Oberneul. Heerstr. 38
567	**Apollo-Theater** Osterstraße 6	300	**BuLi** Buntentorsteinweg 147
560	**City** Birkenstraße 1	290	**Urania** Osterholzer Heerstr. 136
558	**Zentral-Theater** Lüder-Clüver-Str. 36	180	**Gondel** Schwachh.Heerstr. 207
547	**Palasttheater** Ostertorsteinweg 28/29	134	**Cinema Ostertor** Ostertorsteinweg 105
525	**Union,** Landrat-Christians-Straße 113	112	**Atlantis** Böttcherstraße 4

HELI Hemelingen Ruf 44 04 22
Tägl. 20.15, Sonntag auch 17.00 Uhr
Gina Lollobrigida, Yul Brynner
Salomon und die Königin von Saba
Ein überwältigender Farbfilm!
Sonntag, 14.30 Uhr: Jerry Lewis in
Alles um Anita

RALI Oberneuland Ruf 48 12 14/44 04 22
Tägl. 20.15, Sonntag auch 17.30 Uhr
Gustaf Gründgens, Lilo Pulver
Das Glas Wasser
Ein königliches Vergnügen!

TIVOLI
Hemelingen – Telefon 44 02 33
Tgl. 20, Sbd. u. Stg. auch 17 Uhr
Karin Baal – Rudolf Prack
Vera Tschechowa – Grethe Weiser u.
Paul Hubschmid in
Die junge Sünderin
Freigegeben ab 16 Jahren
Stg. 14.30 Uhr, Jug.-Vorst. (ab 12 J.)
Herkules, der Schrecken der Hunnen

URANIA OSTERHOLZ
Tägl. 20, Sbd. u. Stg. 17 u. 20 Uhr
Das Geheimnis der Dame in Schwarz
Stg. 14.30: Kein Platz für wilde Tiere
Farbfilm – frei für Kinder ab 6 J.

BUNTENTOR LICHTSPIELE
Täglich 20.30, Sonnabend 18.00
und 20.30 Uhr, Sonntag 15.30, 18.00
und 20.30 Uhr
Pension Schöller
Freitag, 22.45, und Sonntag, 13.30
Der Teufel im Sattel
Ab Dienstag:
Der Hauptmann von Köpenick
Mittwochs 18.00 Einheitspr. 1,35 DM

MÜHLENBACH Lichtspiele
Täglich 18.00 und 20.30 Uhr
Heinz Rühmann in
Der brave Soldat Schwejk
Ein Soldat, über den die ganze Welt
lachte.
Frtg., 22.45 Uhr: Eine Kugel im Lauf
Sonntag, 15.00 Uhr: Max und Moritz

Lichtburg WILHELMSHÖHE
Tägl. 20.30, Sonntag auch 18.00 Uhr
Die Legionen
des Cäsaren
Freitag, 22.30, Sonntag, 15.00 Uhr
Flußpiraten vom Missouri

ARLI-THEATER
Ruf 35 20 80
Tägl. 18.00, 20.30, Stg. auch 15.30
Luise Ullrich, Gert Fröbe
Bis daß das Geld euch scheidet
Der Romanerfolg aus der „Quick"
nun auf der Leinwand
Frtg., 22.45: Die ungl. Abenteuer d.
Herkules – Stg., 13.45, Jugendvorst.

ARBERGER LICHTSPIELE
Telefon 45 92 14 – Tägl. 20.15 Uhr
Das Glas Wasser
Gustaf Gründgens, Liselotte Pulver
Sonntag, 14 Uhr: Präriebanditen

Park Burgdamm Ruf 7 53 43
17.45 u. 20.30
Liebesspiele
(Ab 18 Jahren)
Freitag, 22.30, Sonntag, 14.30 Uhr
Der Eroberer
Mit John Wayne, Susan Hayward

CENTRAL
Oslebsh. Heerstr. 125 / Ruf 7 01 18
Tägl. 18 u. 20.30, Stg. auch 15.30
Der brave Soldat Schwejk
Heute, 23.00: Sein Colt war schneller
Stg., 13.30: Sindbad, der Seeräuber

REX
Gröp. Heerstr. 165, Ruf 8 17 17
15.30, 18.00, 20.30 · Frei ab 6 J.
Rocco Granata, Bubi Scholz
Georgia Moll, R. Holm, R. Platte

GLORIA
Gartenstadt Vahr · Ruf 49 06 06
Wochentags: 17.15 · 20.00
Sbd./Stg. 15.30 · 18.00 · 20.30

WESERLUST
Osterdeich 150 Ruf 44 25 10
Wochentags: 17.15 · 20.30
Sonntags: 15.30 · 18.00 · 20.30

ADMIRAL
Der große musikalische Farbfilm mit FREDDY QUINN
Weit ist der Weg

CAMERA
Boyd Bachmann, der internationale Komiker-Star in dem Lustspiel
mal drunter – mal drüber

ROLAND
Die Herren Einbrecher
geben sich die Ehre

DECLA
Frei ab 12 Jahren
Der brave Soldat Schwejk

MODERNES
Frei ab 16 Jahren
Division Brandenburg

BLENDE
Frei ab 12 Jahren
Das Erbe von Björndal

Bremer Kinokassenschlager der Jahre 1970/1971

Leben erwachend – und die **Rönneberger-Lichtspiele** zeigen ebenfalls ihre letzte Vorstellung. Die kurz zuvor geschlossenen **BuLi – Buntentor-Lichtspiele** sind jetzt neuer **Versammlungsort der Zeugen Jehovas**, und die **Blende** wird kurzerhand zur **Fertigungshalle** der **Atlas-Werke** umfunktioniert. Vom Abwärtssog mitgerissen, stellt Ende 1963 auch das am Osterdeich gelegene **Weserlust** seinen Betrieb ein – 1977 Namensgeber eines neuen **Kulturfestes** – und im April 1964 wird aus den in der Gartenstadt Vahr angesiedelten **Gloria-Lichtspielen** ein **Vorwärts**-**Supermarkt**.

Die **Camera-Lichtspiele** bleiben zumindest Schauplatz: Sie werden Ende 1964 zur **Probebühne** für das **Theater am Goetheplatz**. Obwohl der Bremer Senat die „**Vergnügungssteuer**" für Filme inzwischen auf ganze zehn Prozent gesenkt hat, schließt auch der **Admiral-Palast** im März 1965 endgültig, als 19. Kino seit 1961. Doch das Kinosterben ist noch längst nicht zu Ende: So fällt im Januar 1968 auch im erst acht Jahre zuvor eröffneten **Residenz-Filmtheater** in Osterholz-Tenever für immer der Vorhang. Verschwunden oder auf dem Absprung sind ebenso die Kinos **RaLi**, **HeLi**, **Urania**, **Decla**, **Rex**, **Oase**, **Apollo** wie auch die **Odeon-Lichtspiele**, die **Arberger Lichtspiele**, das **ArLi-Theater** sowie das **Palast-Theater**.

»Bäng Bäng« für AKIs Aktualitäten

Noch im Dezember 1960 kann es, offenbar sogar erfolgreich, locken mit gewagten Programm-Kombinationen wie „**Farbfilm aus dem Kohlenpott**" / **Lustiger, farbiger Trickfilm mit Teddybären**", doch 1964 findet dann auch das **Aki** – **Aktualitäten-Kino** in der Sögestraße ein abruptes Ende. Immerhin: Das **Aki** bleibt Kino, heißt nun jedoch **UFA Sögestraße**. Hier haben viele Grundschüler ihre ersten Kinoerlebnisse, sehen – meist noch in elterlicher Begleitung, trotz Altersfreigabe ab sechs Jahren – „**Dr. Dolittle**" (1967), mit dem 498 Tiersprachen sprechenden **Rex Harrison**, **Walt Disneys** „**Dschungelbuch**"(1968), mit **Mogli** und **Balus** eingängigem »*Probier's mal, mit Gemütlichkeit ...*«, den VW-

Postaula *** 8. Juli: **Association P.C.**, Postaula *** 18. August: **Kevin Coyne** mit **Zoot Money, Andy Summers, Steve Thompson** und **Peter Wolf,** Postaula *** 4. September: **Alice Cooper,** Stadthalle *** 25. September: **Chris Barber,** Glocke *** 6. Oktober: **Backdoor,** Postaula *** 7. Oktober: **Klaus Doldingers Passport,** Stadthalle *** 16. Oktober: **Reinhard Mey,** Glocke *** 28. Oktober: **Hedy West & Bill Clifton,** Cinema Ostertor *** 28. Oktober: **Dutch Swing College**

Werbe-Film „**Ein toller Käfer**" (1969) oder „**Tschitti Tschitti Bäng Bäng**" (1969), die „Abenteuer eines Wunderautos". Wundersam auch das Überleben des bereits aufgegebenen **U.T. Schwachhausen**: Im April 1964 wird es – stark verkleinert – zum **Filmkunsttheater Gondel**. Der neue Inhaber **Herbert Stephans** beweist Mut: Statt „**Winnetou**" (1. Teil 1963) laufen dort nun Filme wie **Jean Cocteaus „Orphee**" (1950) oder **Akira Kurosawas „Rashomon**"(1950) und wenige Jahre später lässt **Radio Bremen** hier **Jazz- und Rockbands** auftreten, darunter **Soft Machine**, **Rory Gallagher**, **Kraftwerk** und die **Dutch Swing College Band**.

Die EULE schwebt ins CINEMA

Ein weiterer Lichtblick: Im Gebäude der ebenfalls geschlossenen **Kammer-Lichtspiele** entsteht im November 1969 das **Cinema Ostertor**. Betrieben wird es von **Gert W. Settje**, bis dahin Geschäftsführer des in unmittelbarer Nähe gelegenen, extrem populären Polit- und Musiklokals **Lila Eule**. Sein damaliger **Eule**-Kompagnon **Olaf Dinné** erinnert sich:

*»Schon die **experimentellen Filmabende** in der Eule fanden immer großen Anklang. Da liefen unter anderem frühe **Woody Allen**-Sachen und **Stummfilme aus den 20ern** – samt einem **Pianisten**, der dazu spielte, wie das früher in den alten Kinos üblich war. Settje hat aber auch solche **Aufklärungsfilme** gebracht, die sonst in Schulen gezeigt wurden – über die hat sich die halbe Eule immer fast totgelacht, sowas wurde ja gerne mal geguckt. Selbst Filme aus dem Dritten Reich waren im Programm, die sonst nicht gezeigt werden durften – was so manchen Prozess nach sich zog. Da habe ich z.B. das erste Mal „**Triumph des Willens**" von **Leni Riefenstahl** gesehen. Aber es war eben immer viel zu voll bei diesen Filmabenden. Und als die Kammer-Lichtspiele dann pleite gingen, hat er dieses Kino recht günstig kaufen können und daraus das Cinema gemacht. In dem wurde dann im Prinzip das Lila Eule-Programm gezeigt, nur in etwas größerem Stil.«*

Band, Glocke *** 29. Oktober: **Who,** Vorgruppe: **Steve Gibbons Band,** Stadthalle *** 9. November: **Uli Beckerhoff** *** 16. November: **Gary Bartz & NTU Troop,** Postaula *** 17. November: **Globe Unity Orchestra,** u.a. mit **Manfred Schoof, Kenny Wheeler, Paul Rutherford** und **Albert Mangelsdorff,** Postaula *** 20. November: **Isipingo** mit **Harry Miller,** Postaula *** 10. Dezember: **Jeremy Steig Quartet,** Postaula *** 12. Dezember: **Toto Blanke's Electric Circus**

CINEMA

OSTERTOR, SIELWALLECKE / 326585
TÄGL.: 18.00, 20.30, 23.00
SA. + SO. 15.30.

FR., SA., SO., 18.00, 20.30
PETER SELLERS in:
„Laß mich küssen Deinen Schmetterling". Farbfilm von Averback, eines der amüsantesten Filmlustspiele der letzten Jahre – Hippies, Hasch, High, in New York.

SO., 23.00
Einmalige Aufführung!
DON'T LOOK BACK
David Pennebackers Film über Bob Dylans England-Tournee 69 mit Joan Baez, Donovan, Allen Price. Eine einmalige Dokumentation!

FR., SA., 23.00 DAS ANDERE KINO:
Amon Düül „PHALLUS DEI"
Warum Katzen? Eine Perversion Rolf Thissens brachte Stunk in Oberhausen.
KOSMETISCHE VERLETZUNGEN.
ALONE von Stephen
DWOSKIN USA UNDERGROUND.

SA., SO., MO., 15.30, CARTOONS
BUG'S BUNNY SHOW

MO., 12.00, 20.30, 23.00, Western
Django, nur der Colt war sein Freund. Italo. 1968 mit F. Sancho.

Bob Dylan, Django, Amon Düül, US-Underground und Bugs Bunny: Das Cinema-Programm vom Mai 1970 – eine echte Wundertüte.

Mit dem **Cinema** wird eine nicht nur für Bremen ganz neue Art von Lichtspielhaus ins Leben gerufen: **Deutschlands erstes Programmkino**. Hier werden – vor allem an ein jüngeres Publikum gerichtet – anspruchsvolle bis schräge Filme gezeigt, die bei den großen Filmverleihern keine Chance haben, **zahlreiche Förderpreise und Auszeichnungen** folgen. So sind im **Cinema** etwa schon früh **Monty Python**-Filme wie „**Jabberwocky**" und „**Die Ritter der Kokosnuss**" und auch die Werke der **Marx Brothers** zu sehen, wird Experimentelles von den **Internationalen Kurzfilmtagen Oberhausen** gezeigt, kann man die Schwelle zwischen Faszination und Ekel bei **John Waters** „**Pink Flamingos**" spüren oder – zehn Jahre danach – noch einmal die **Revolte von 1968** erleben, als dort zahlreiche **Dokumentarfilme** aus dieser Zeit gezeigt werden, vom **Vietnam-Kongress** bis hin zu umtosten Hörsaalauftritten von **Rudi Dutschke**.

... und ab in die Schuhschachtel

Im benachbarten Steintorviertel wird im Mai 1970 das mittlerweile erheblich geschrumpfte Filmtheater **Schauburg** – zuvor Bremens größtes Kino – wiedereröffnet; in dessen jetzt freien Erdgeschossbereich zieht ebenfalls ein **Supermarkt** ein. Doch auch die Kultur erbt erneut: Aus dem **Concordia** wird im Januar 1971 das neben dem **Theater am Goetheplatz** und den **Kammerspielen in der Böttcherstraße** dritte Haus der **Theater der Freien Hansestadt Bremen**; Regisseur **George Tabori** experimentiert hier

mit **Jasper van't Hof**, Konzertsaal Universität *** **Jan Garbarek / Bobo Stenson Quartet**, Sendesaal Radio Bremen *** **Al Jarreau**, Postaula *** **1976** *** 2. Februar: **Country Joe McDonald**, Uni-Mensa *** 12. Februar: **Jack DeJohnette**, Postaula *** 5. März: **David Bromberg**, Uni-Mensa *** 14. März: **Udo Lindenberg**, Stadthalle *** 31. März: **Caravan**, Stadthalle *** 1. April: **Leroy Jenkin's Revolutionary Ensemble**, Bremer Jazzclub Ostertor *** 5. April: **Pasadena Roof** ab 1975 in seinem „**Bremer Theaterlabor**“. Zu den vor allem in der Innenstadt gelegenen Lichtspielhäusern, die das Kinosterben zunächst verschont, gehören das **Europa**, das **City**, das Filmkunsttheater **Atlantis**, das **Moderne Theater** – mit seiner imposanten Kuppel von neun Metern Durchmesser, die mitunter geöffnet wird, für Lichtspiele unterm Sternenhimmel – und ebenso die eigentlichen **Stern-Lichtspiele**.

Auch das **Studio für Filmkunst** zieht die Besucher noch an; obgleich **Leni Riefenstahl** hier 1964 die „**11. Filmkunstwochen**“ eröffnet – begleitet vom zaghaften Protest jugendlicher Demonstranten, die Plakate mit der Aufschrift „Nazi – muss das sein?“ bei sich tragen – gilt das Kino als progressiv. Denn hier werden auch Produktionen abseits des Mainstreams gezeigt, wie etwa das deutsche Regie-Gemeinschaftswerk „**Deutschland im Herbst**“ (1978) oder **Georg Lucas**’ Frühwerk „**American Graffiti**“ (1973), dessen völlig überraschender wirtschaftlicher Erfolg erst seine „**Star Wars**“-Serie ermöglicht. Auch nachdem ein Brand im Zuschauerraum das Filmtheater 1978 schwer in Mitleidenschaft gezogen hat, bleibt das anspruchsvolle Haus bestehen.

Nicht so zwei ehemalige Lichtspielhäuser in Blumenthal: Das **Zentral-Theater** wird im Februar 1979 abgerissen, drei Monate später gibt ein Brand dem **Union** den Rest. Das **U.T. Am Bahnhofsplatz** – im Januar 1965 hat **Freddy Quinn** hier für „**Heimweh nach St. Pauli**“ die „**Goldene Leinwand**“ bekommen – läutet durch seinen Umbau zum **U.T. Kino Center** im Oktober 1980 schließlich die Welle der „**Schuhschachtel-Kinos**“ ein: Aus einem Kino sind plötzlich sechs geworden. Mit dem **Regina** verliert Bremen nur wenig später sein bis dahin einziges Filmtheater mit 70mm-Anlage und damit zugleich auch die bis dahin größte Projektionsleinwand.

Ausflüge, Ausgehen, Ausbrüche

Hinaus ins pralle Leben: Vom Tanztee zur Haschhöhle

Hein Riess, der **singende Seemann**, dazu die **Rosani Sisters** mit ihrer »**gesprungenen Akrobatik**«, als »**Sensationsgastspiel**« die **Marionetten-Revue** der **Trotter Brothers**, und das alles nur getoppt vom »**exotischen Tanzstar**« **Bambi**: Es sind recht überschaubare Attraktionen, mit denen das **Bremer Nachtleben** noch Anfang der 60er Jahre aufwarten kann – und sie richten sich fast ausschließlich an ein „gereifteres" Publikum. Dreh- und Angelpunkt ist dabei das bereits 1908 gegründete und in der Katharinenstraße angesiedelte **Internationale Varietétheater Astoria**, in dem bis Ende 1967 (danach wird es von der **Haake-Beck Brauerei** für ihre Gaststätten **Alt-Bremer Brauhaus** und **Remmers Bierstuben** genutzt) zahllose Stars und Sternchen auftreten; **Heinz Erhardt** gibt dort 1962 gar ein 14-Tage-Gastspiel. Wer in den frühen 60ern nach weiteren Meilensteinen der Unterhaltung sucht, wird unter Umständen ebenso im zum **Astoria** gehörigen **Arizona-Nightclub** fündig, wo bei Orchesterbegleitung »**Gesang, Tanz und Strip-Tease**« geboten wird, jedoch nicht ausschließlich, wie sich Zeitzeuge **Olaf Dinné** erinnert:

> *»Im „**Ariz**", da spielte auch die **City Club Combo** von **Eckfrid von Knobelsdorff**; bei dem hatte mein Bruder Trompeten-Unterricht und der mischte dann manchmal mit bei den Auftritten. Die eigentliche Sensation im „**Ariz**" war jedoch die **Tanzfläche**, die **aus ganz dickem Glas** bestand und **von unten angeleuchtet** wurde. Der Laden war allerdings relativ vornehm und teuer, deshalb war es da auch nie besonders voll.«*

Orchestra, Glocke *** 5. April: **Junior Cook** und **Louis Hayes** mit **Woody Shaw**, Jazzclub Ostertor *** 27. April: **Cat Stevens**, Stadthalle *** April: **Zbigniew Seifert**, Jazzclub Ostertor *** 4. Mai: **Rolling Stones**, Stadthalle *** 23. Mai: **Yosuke Yamashita Trio**, Postaula *** 2. Juni: **Elvin Jones Quartet**, Uni-Mensa *** 8. Juni: **Art Blakey's Jazz Messengers**, Postaula *** 12. Juli: **Cecil Taylor Unit**, Sendesaal Radio Bremen *** 27. Juli: **Loudon Wainwright III** und **Bryan Bowers**, Post-

Mit Halali zum Witwenball

Als ähnliche Etablissements empfehlen sich das **Nacht-Cabaret Eve** in der Bürgermeister-Smidt-Straße 53 (später als **Club P7** – whiskothek-bar-dancing – firmierend, mit „Welt-Sounds" und „sonntags Beat-Party") oder das mit **Cabaret und Night-Club** werbende **Ambassador**, Falkenstraße 44. Alternativ bietet sich ein Ausflug ins **Cafe Subtropia** in der Vahrer Straße 239 an (mit Konzert und Tanz ab 20 Uhr), in die **Halali-Bar** des **Park Hotels**, wo ab 21 ein Bar-Trio zum Tanz aufspielt, oder in den **Tanzclub Steintor** im **Café Wellmann** – samt hauseigener Bar **Puderdose** – wo mittwochs, freitags und sonntags ab 20 Uhr ebenfalls die Post abgeht. Besonders samstags, beim **Witwenball** (»Eintritt frei«).

Tanz-Tee-Teenager-Parties in der LA PALOMA-GROTTE

„Reiferen Jugendlichen" bietet sich in den frühen 60er Jahren vor allem in den **Jugendclubs** und **Jugendheimen** die Möglichkeit zum abendlichen Tanz, bei live gespielter **Jazz- und Skifflemusik**. Die wird u.a. auch im **Storyville**, Körnerwall 16, und beim **Christlichen Verein Junger Männer** (**CVJM**) im **Konsul-Hackfeld-Haus** geboten.

Das Zauberwort vor allem für die Teenie-Generation der 14-16-Jährigen lautet jedoch „**Tanztee**". Und der findet am helllichten Tag statt, ob nun in der **Badewanne**, Kolpingstraße 14-16, im **Café Hillmann** – einschließlich »großem Quizturnier« und »Jubel, Trubel, Heiterkeit-Stimmungskapelle«, im **Munte II** oder in der **Hotelhalle** des **Park Hotels**. Für in der Regel bescheidene zwei Stunden wird hier zu **Dixieland** und **Cha-Cha**-Klängen getanzt, mit etwas Glück darf man sich sogar in Modetänzen wie **Twist**, **Locomotion**, **Mashed Potatoe**, **Shake**, **Monkey**, **Dog**, **Waddle** oder **Hully Gully** probieren. Denn in Bremen gilt: Beginnen Musikveranstaltungen erst zum 5-Uhr-Tee, ist die Jugend potentiell schon in Gefahr. Noch in einer Anzeige zum „**3. Internationalen Beatband-Festival**" im Februar 1966, das für den **Beat-Club** aufgezeichnet wird – Beginn 17 Uhr – heißt es:

aula *** Juli: **Cedar Walton,** Jazzclub Ostertor *** 10. August: **Julie Felix,** Uni-Mensa *** 17. August: **Supercharge,** Postaula *** 19. August: **Kevin Ayers** mit **Zoot Money, Andy Summers, Bill Evans, Charlie McCracken** und **Rob Townsend,** Postaula *** 22. September: **Donovan,** Glocke *** 23. September: **Chris Barber,** Glocke *** 23. September: **Leszek Zadlo Quartett,** Jazzclub Ostertor *** 24. September: **AC/DC,** Stadthalle *** September: **Phil Manzanera's 801,** u.a. mit

„Achtung Eltern! Die Veranstaltung wurde vom Jugendamt für Jugendliche ab 14 Jahren freigegeben. Ende 20 Uhr“.

Auch mit Anbruch der **Beat-Ära** ab 1963/64 tobt daher in den angesagten **Live Clubs** – darunter dem **Club 99**, der **La Paloma-Grotte**, dem **Star-Club Bremen**, dem **Studio 200**, dem **Burger Landhaus** und der **Lila Eule** – am Wochenende weiterhin die „**Tanz-Tee-Teenager-Party**“. Prominente Gruppen wie die **Rattles**, die **Germans** oder die **Mushroams** geben oft zwei Konzerte; der für jugendliche Gäste unter 16 Jahren vorgesehene Auftritt beginnt vorzugsweise bereits um 15.30 Uhr.

La Paloma GROTTE
am Walter Bahnhof
The Yankees
spielen für Sie den ganzen Monat
Mittwoch, Freitag, Sonnabend, Sonntag und zur
Teenagerparty
Jeden Sonntag.
Einlaß 15.30 Uhr

Die BREMEN sehen und in den Tierpark

Just um diese Zeit steuert der weniger musik- oder tanzbegeisterte Rest der Familie eher **Ausflugsziele** wie den **Bürgerpark**, den **Rhododendronpark**, das noch ganz in der Kolonialvergangenheit schwelgende **Überseemuseum**, das **Café Jacobs**, das **Fokkemuseum** oder den **Hafen von Bremerhaven** an, wo mit etwas Glück gerade die fünfte – und letzte – Ausgabe des 1.122 Passagiere fassenden **Reisedampfers „Bremen“** vor Anker liegt.

Erhebender Anblick: Der Passagierdampfer „Bremen“ ist ein beliebtes Ausflugsziel, wann immer er Station im Hafen von Bremerhaven macht. Auf dem Weg zum Abwracken versinkt er schließlich 1980 im Indischen Ozean.

Der Besuch von **Tierparks** wie den **Tiergrotten** in Bremerhaven, dem **Tierpark Hagenbeck** in Hamburg, dem **Vogelpark Walsrode** oder dem **Jaderberger Tiergarten** – wo an Feiertagen gelegentlich sogar das **Musikkorps der Schutzpolizei Bremen** auftritt – erfreut sich so großer Beliebtheit, dass der **indische Grosswildjäger George Munro** 1964 schließlich gleich vor Ort, am Achterdiek in Oberneuland, seinen **Bremer Tierpark** gründet. Im Frühjahr 1966 eröffnet, wird dieser – bis zur Konkurs-bedingten Schließung 1973 – u.a. unterstützt von Bauunternehmer **Dr. Klaus Hübotter** und **Beate Richard** alias **Judy Winter**, der prominenten **Theater am Goetheplatz**-Schauspielerin aus dem Ensemble von **Peter Zadek**, die sogar den Vorsitz im Verein „**Freunde des Bremer Tierparks**" übernimmt.

Der TWEN-CLUB – die erste Discothek

„Tierisch ab" geht es indes auch anderer Stelle: Im **Zigeunerkeller**, Ecke Queeren- / Sögestraße, können Besucher des **Astoria-Varietés** im Anschluss an die Vorstellungen noch bis Mitte 1963 **Tango** tanzen, dann entsteht daraus **Bremens erste echte Discothek**. Der **Twen-Club**, in dem gelegentlich auch Beat-Gruppen wie die **Yankees** und die **Rascals** auftreten, wird vor allem deshalb schnell populär, weil **Gerhard Augustin** – später Mitinitiator und für einige Monate auch Co-Moderator des **Beat-Club** von **Radio Bremen** – hier bis 1967 die Platten auflegt. Von einem Aufenthalt in den USA profitierend, bei dem er schon mit späteren Superstars wie **Bob Dylan** Bekanntschaft gemacht hat, hält **Augustin** einen direkten Draht dorthin und kann daher immer die aktuellsten Hits spielen. Die fünf mal sieben Meter große Tanzfläche des **Twen-Club** reicht jedoch oft nicht aus, um dem Andrang der abendlich **bis zu 300 Besucher** Stand zu halten – dann muss notgedrungen „in Schichten" getanzt werden. Der **Twen-Club** legt seinen Öffnungstermin daher schließlich etappenweise von 20 Uhr zurück bis auf 12 Uhr.

Brian Eno *** 2. Oktober: **Ray Charles,** Stadthalle *** 4. Oktober: **Flying Burrito Brothers** und **Barbara Dixon,** Postaula *** 7. Oktober: **Solution,** Postaula *** 8. Oktober: **Tomasz Stanko Quartett,** Postaula *** 20. Oktober: **Third Eye,** Jazzclub Ostertor *** 28. Oktober: **Ougenweide,** Glocke *** 30. November: **Johnny „Guitar" Watson,** Postaula *** 30. November: **Wisbone Ash,** Vorgruppe **Lake,** Stadthalle *** 15. Dezember: **Jeremy Steig** und **Eddie Gomez,** Glocke ***

Als „**Empfehlenswerte Tanzlokale in Bremen**" listet das Programmheft zum „**2. Internationalen Beatband Festival**" vom 15. August 1965 in der Bremer Stadthalle auf: **Atlantic City**, **Borgfelder Landhaus**, **Burger Landhaus**, **Café Hillmann**, **Club 99**, **Europa Cafe**, **Lila Eule**, **Montparnasse**, **Munte I**, **Munte II**, **Osterdeich 200**, **Palette**, **Studio 57** und **Twen-Club**, verbunden mit dem Hinweis: *„Es wird Wert auf die Feststellung gelegt, dass diese Aufstellung der Tanzlokale nicht von finanziellen Zuwendungen abhängig gemacht wurde"* und: *„Achtung! Wir weisen darauf hin, dass die Autogrammstunden der auftretenden Bands"* – **The Kinks**, **The Londoners**, **Die Musketiere**, **The Lords** und **The Mushroams** – *„heute von 20.30 bis 22 Uhr im Burger Landhaus und von 22 bis 24 Uhr im Club 99 stattfinden"*.

Kulturrevolution mit Hilfe von RADIO BREMEN

Als der damalige Bundeskanzler **Ludwig Erhard** im Juni 1966 öffentlich den sogenannten „**Gammlern**" den Kampf ansagt – und damit ist im Prinzip so ziemlich jeder gemeint, der nicht schon auf hundert Meter wie die jüngere Ausgabe seiner Eltern aussieht und auch so denkt – ist der radikale Wertewandel der Jugend bereits längst im Gange. Der Bremer **Beat-Club**, dessen Publikum bei Sendebeginn im Herbst 1965 noch in Kleid und Anzug getanzt hat, ist daran maßgeblich beteiligt: Als erste deutsche Sendung trägt er die neue Musik, die neuen Frisuren und die neue Mode in jedes Wohnzimmer. Die von Regisseur **Mike Leckebusch** dazu eingeladenen Gruppen und Interpreten, von den **Easybeats** über die **Who** bis hin zu **Jimi Hendrix**, die schnell populäre und immer gewagter gekleidete Ansagerin **Uschi Nerke** sowie die dort ab Frühjahr 1967 auftretenden **Go-Go-Girls** – darunter die **Theater**

1977 *** 12. Januar: **Leo Kottke,** Glocke *** 16. Januar: **Udo Lindenberg** mit **Panikorchester,** Stadthalle *** 19. Januar: **Steve Kuhn's Ecstasy,** Postaula *** 1. Februar: **Manhattan Transfer,** Glocke *** 8. Februar: **Julian Priester's Marine Intrusion,** Postaula *** 11. Februar: **Mikis**

am Goetheplatz-Tänzerinnen **Karin und Gitta Weidhaas** – geben nicht zu unterschätzende Impulse für das neue Selbstverständnis der Heranwachsenden.

Das wird indes von der älteren Generation nicht widerspruchslos hingenommen: Der Kampf um das **längere Haar** und die immer ausgefalleneren „**flippigen Klamotten**“ entwickelt sich zur Grundsatzfrage (*„Solange Du Deine Füße unter meinen Tisch streckst...“*) und führt zu härtesten Familienkonflikten. Wer nicht kämpfen will, greift stattdessen zu taktischen Maßnahmen: Brav angezogen wird das Elternhaus verlassen – und sich dann andernorts umgezogen bzw. geschminkt.

Neue Freiheiten, neue Betäubungsmittel

„Am Morgen ein Joint, und der Tag ist dein Freund“: Um die fast zwangsläufigen Verklemmtheiten einer Sozialisation in den 50ern und frühen 60ern angesichts neuer Herausforderungen wie der etwa ab 1966 allerorts proklamierten „**sexuellen Revolution**“ schnell hinter sich zu lassen – wie auch unter dem zweifelhaften Stichwort „**Bewusstseinserweiterung**“ – findet der Griff zu **Drogen**, von **Canabis** (in Form von **Haschisch** und **Marihuana**) bis hin zu **LSD** und **Heroin**, nun zunehmende Ver-

Theodorakis, Glocke *** 17. Februar: **Beatles Revival Band,** Glocke *** 21. Februar: **Paul Bley** und **Gary Peacock,** Postaula *** 27. Februar: **Puhdys,** Glocke *** 28. Februar: **John Hartford,** Postaula *** 5. März: **Christy Moore** (Ex-**Planxty**), Stubu (dazu Moore in seiner Biografie auf www.christy moore.com: »The rock bottom of my musical life was Club Stubu, Bremen, Germany ...The promoter was one mean bastard, God bless him.«) *** 9. März: **Alexis Korner**

Psychedelische Erfahrungen sammeln, frei nach Drogen-Guru Timothy Leary: „Turn on, tune in, drop out!“

breitung. Den Alkohol ergänzend, der ebenfalls nach wie vor beim Hemmungen überwinden hilft, lösen sie von 1967 an zuvor übliche Aufputsch- und Betäubungsmittel ab, wie etwa **Captagon** oder die beliebten, eigentlich als Hustenmittel geltenden **Romilar**-Tabletten, die jedoch 1967 verboten werden.

Zudem gilt der Genuss von Drogen nun auch als Zeichen des **Andersseins**, von **Auflehnung** und **Protest** gegen das verkrustete und von vielen als autoritär, einengend und die persönliche Freiheit knebelnd empfundene System des von den **CDU-Kanzlern Konrad Adenauer**, **Ludwig Erhard** und **Kurt Georg Kiesinger** geprägten Nachkriegsdeutschlands. Die Hoffnung auf eine Veränderung dieser Verhältnisse hat einen merklichen Dämpfer

und **Henry Gray,** Glocke *** 12. März: **Jerry Lee Lewis,** Stadthalle *** 19. März: **Klaus Doldinger's Passport,** Glocke *** 20. März: **Nana Mouskouri,** Glocke *** 31. März: **Fats Domino,** Stadthalle *** 1. April: **Lou Reed,** Stadthalle *** 4. April: **Bobby Hutcherson Quartet,** Postaula *** 11. April: **Harry Chapin,** Postaula *** 13. April: **Joe Henderson,** Postaula *** 18. April: **Dollar Brand (Abdullah Ibrahim),** Postaula *** 22. April: **Jethro Tull,** Stadthalle *** 24. April: **4. Irish** erhalten, seit sich der bis dahin oppositionelle Hoffnungsträger **SPD** 1966 auf die „**Große Koalition**" mit der **CDU/CSU** eingelassen hat, was bei der sich u.a. durch den **Vietnam-Krieg** der USA rapide politisierenden Jugend zur Bildung der **Außerparlamentarischen Opposition** (**APO**) führt.

Auf der die Politik flankierenden Genussebene schafft auch die Bremer Gastronomie, ob freiwillig oder unfreiwillig, dazu passende Strukturen und zum Ende der 60er hin gelten bereits viele vormalige Tanzlokale als „**Haschhöhlen**", wie etwa das **Blues Inn** und das **Storyville** am Körnerwall, oder das **Rauchfang** in der Katharinenstraße und das **Montparnasse** am Ostertorsteinweg, die daraufhin 1970/71 sogar geschlossen werden. Die Bremer Polizei reagiert um die gleiche Zeit mit der Anschaffung ihrer ersten **Suchhunde** zum Aufspüren von **Haschisch** und am Sielwall eröffnet der Verein „Release – Freie anonyme Beratung junger Menschen" ein Büro, das insbesondere jugendlichen „**Rauschgiftsüchtigen**" helfen soll. Den Soundtrack zu dieser Entwicklung liefert 1972 die damals 15-jährige **Juliane Werding**, die es mit *„Am Tag als Conny Kramer starb"* – einer Cover-Version des **The Band**-Titels *„The Night They Drove Old Dixie Down"* – bis auf Platz 1 der deutschen Single-Charts und auch an die Spitze der **ZDF-Hitparade** schafft. Dennoch wird der verstörende Titel, zu dessen dramatischen Elementen – warum auch immer – u.a. Fahrradklingeln zählen, längst nicht von allen Radiosendern gespielt.

Das ALADIN – die erste Großraum-Disco

Mit der Regierungsübernahme durch die **SPD** und die Wahl von **Willy Brandt** zum Bundeskanzler verliert die **APO** ab Ende 1969 an Zulauf, auch aus der bis dahin stark politisch ausgerichteten **Lila Eule** wird 1970 schließlich eine reine Discothek mit Veranstaltungsbühne – ein Trend, der sich fortsetzt. Auf dem Gelände einer ehemaligen Marmorfabrik entsteht 1974 Auf den Höfen sowohl die Discothek **Maschinenhaus** wie auch das Veranstaltungslokal **Pub**, im Steintor trifft sich die alternative „Szene" in

Folk Festival mit **De Danann, Jackie Daly, Seamus Creagh, Micko Russell, Inchiquin, Mick Hanly** und **Andy Irvine,** Glocke *** 26. April: **Tom Waits,** Postaula *** 9. Mai: **Elton Dean, Keith Tippett, Hugh Hopper** und **Joe Gallivan,** Postaula *** 20. Juni: **Genesis,** Stadthalle *** 28. Juni: **Horace Silver Quintett,** Marktplatz *** 2. Juli: **Gateway Trio,** Marktplatz *** 30. August: **Santana,** Stadthalle *** 6. September: **Stone Alliance,** Postaula *** 13. September: **Paul Mo-**

der Discothek **Why Not**. Mit dem **Aladin**, angesiedelt in den Räumlichkeiten des ehemaligen, bereits 1962 geschlossenen Kinos **Tivoli** in Hemelingen, erhält Bremen 1977 eine neue Mischung aus **Groß-Diskothek** und Veranstaltungszentrum, das ab nun von zahlreichen Größen der internationalen Rock- und Jazz-Szene gerne als Auftrittsort angesteuert wird. Auch das alteingesessene **StuBu** in der Ostendorpstraße 2 und der **Römer**, Fehrfeld 31, etablieren sich als Discothek und Bühne, Konzerte in kleinerem Umfang bietet ebenso der **Kleine Olymp** im Schnoor. Beim „Szene"-Publikum sind insbesondere die im **Ostertor** und **Steintor** gelegenen Kneipen beliebt, darunter das **Litfass**, das **Piano**, der **Pferdestall** und der **Türke**.

Viele sind auf der Suche nach einem neuen Selbstverständnis – so wie es der türkische Lyriker Nazim Hikmet bereits Jahrzehnte zuvor in seinem Gedicht „Einladung" treffend in Worte fasst: „Leben! Wie ein Baum, einzeln und frei und brüderlich wie ein Wald, das ist unsere Sehnsucht!"

... oder doch lieber Schwof im Partykeller?

Schon in den 60ern wollen indes gar nicht alle unbedingt ins **Tanzlokal** oder in die **Discothek**: Viele bevorzugen stattdessen lieber die selbstbestimmte Variante in den eigenen vier Wänden, im **Sperrstunde**-sicheren Wohnzimmer oder besser noch in der **Kellerbar**, in der man sich ungeniert – und zudem ausschließlich in angenehmer Gesellschaft – austoben kann. Bis in die späten 70er / frühen 80er entwickelt sich der **Partykeller** – aus seinen Anfängen mit nacktem Stuhlwerk und **Mono-Plattenspieler** – zu einem Gesamtkunstwerk aus **Zapf-**, **Kompakt-** und **Lichtanlage**, **Tresen**, **Barhockern**, **Salzstangen**, **Erdnussflips**, **Kartoffelchips**, **Käse-Igeln**, **Kerzen** und **Korbweinflasche**. Zur Schalldämpfung sind oft **Korkplatten** an den Wänden angebracht, die – wenn es denn nicht ganz schummrig sein soll – von **Fototapeten** kaschiert werden („Sonnenuntergang in Hawaii“) und je nach Raumhöhe hängen mitunter sogar noch **Discokugeln** unter der Decke. Hier kann dann wahlweise schnell „**abgetanzt**“, „**abgehottet**“ oder langsam „**geschwoft**“ werden, etwa beim beliebten „**Stehblues**“; auf ausgedienten Sofas, Kissen und Matrazen kommt man sich danach gelegentlich noch um einiges näher – nachdem das bis tief in die Mitte der 60er nachwirkende Verhaltenskorsett der 50er endlich so gut wie restlos gesprengt ist.

tian Trio, Postaula *** 21. September: **Wishbone Ash, Country Joe McDonald** und **Steve Hillage,** Stadthalle *** 30. September: **Steeleye Span,** Stadthalle *** 1. Oktober: **Chris Barber,** Glocke *** 3. Oktober: **Leon Redbone,** Postaula *** 10. Oktober: **Ritchie Blackmore's Rainbow,** Stadthalle *** 17. Oktober: **Boney M.,** Stadthalle *** 24. Oktober: **Phillip Goodhand-Tait,** Postaula *** 25. Oktober: **Hermann van Veen,** Glocke *** 25. Oktober: **Jo Ann Kelly, Pete Emmery**

Fast »eine Zierde der Demokratie«

Linke Bremer zwischen KPD-Verbot und Radikalenerlass

»Sire, geben Sie Gedankenfreiheit!« – Was der **Marquis von Posa** in **Schiller**s 1787 fertig gestelltem Gedicht „Don Carlos" von Spaniens **König Philipp II.** fordert, scheint in Bremen endlich eingelöst. Artikel 15 der Landesverfassung von 1947 verspricht:

»Jeder hat das Recht, im Rahmen der verfassungsmäßigen Grundrechte seine Meinung frei und öffentlich durch Wort, Schrift, Druck, Bild oder in sonstiger Weise zu äußern. Diese Freiheit darf auch nicht durch ein Dienstverhältnis beschränkt werden. Niemandem darf ein Nachteil widerfahren, wenn er von diesem Recht Gebrauch macht.« Doch Recht haben und Recht bekommen sind auch hier zwei Paar Schuhe. Noch bis in die späten 60er gilt: Wer mit seiner Meinung zu weit links liegt – zumindest nach Auffassung der entsprechenden staatlichen Stellen – landet im Zweifelsfall einfach im Gefängnis, wegen „kommunistischer Unterwanderung". In den 70ern riskiert er immerhin noch seinen Job, insofern sich dieser im öffentlichen Dienst befindet. Die in dieser Zeit geschlagenen Wunden treffen so manchen, der sich um Bremen noch verdient machen wird. Die Narben bleiben.

Ein kommunistischer Silberwarenhändler?

Durch den so genannten „**Adenauer**-Beschluss" von 1950 werden u.a. 1951 die Freie Deutsche Jugend (**FDJ**) und 1956 die Kommunistische Partei Deutschlands (**KPD**) verboten – und damit in Bremen gleich vier Bürgerschaftsabgeordnete abserviert. Bei den Wahlen von 1955 mit 18.000 Stimmen gewählt, verlieren die Abgeordneten **Wilhelm Meyer-Buer**, **Heinrich Dietrich**, **Maria Krüger** und **Hermann Gautier** ihre Landtagsmandate. Immerhin: Für die restlichen drei Jahre dürfen sie – wenn auch nur unter der eigenwilligen Gruppenbezeichnung Unabhängige Sozialisten (**US**) – in der Stadtbürgerschaft bleiben. Nachdem **Wilhelm Meyer-**

und **Alexis Korner,** Uni-Mensa *** 27. Oktober: **Children At Play,** Römer *** 28. Oktober: **Leo Kottke,** Glocke *** 28. Oktober: **Sonny Fortune,** Römer *** 29. Oktober: **Uli Beckerhoff's Riot,** Römer *** 5. November: **Puhdys,** Glocke *** 10. November: **Ougenweide,** Glocke *** 12./13. November: **Al Jarreau,** Glocke *** 22. November: **Alexander von Schlippenbach Quintett,** Römer *** 27. November: **Yes** und **Donovan,** Stadthalle *** 3. Dezember: **Rademaker, Pack-**

Beim Umzug der Abgeordneten vom Festsaal des Neuen Rathauses (re.) in das 1963/66 erbaute Bürgerschaftsgebäude (Mitte) ist die KPD bereits zehn Jahre verboten.

Buer 1961 als Einzelkandidat auch für den Bundestag kandidiert – und dabei nicht seinen Überzeugungen abschwört – wird ihm 1963 in Bremen der Prozess gemacht. Die 15 Verhandlungstage werden mit außergewöhnlich großem Interesse von der Öffentlichkeit verfolgt, wohl nicht zuletzt deshalb, weil **Meyer-Buer** nicht so recht ins Klischee passen will: Als Besitzer eines Uhren- und Silberwarengeschäftes gilt er als vermögender Mann – warum also ist so einer Kommunist? Zumal ihm auch seine Bürgerschaftskollegen »*anständige Gesinnung und aufrechten Charakter*« bescheinigen, wie etwa Bürgerschaftspräsident **August Hagedorn** (**SPD**). Und **Georg Borttscheller** (**FDP**, Senator für Häfen, Schifffahrt und Verkehr) über ihn gar sagt: »*Wäre Meyer-Buer nicht Kommunist, dann wäre er eine Zierde der Demokratie.*« Nur Bürgermeister **Wilhelm Kaisen** bezeichnet den Ex-**KPD**-Abgeordneten vor Gericht als »*politischen Wirrkopf*«. 1963 wird **Wilhelm Meyer-Buer** schließlich wegen Verstoßes gegen das **KPD**-Verbot zu acht Monaten Gefängnis verurteilt, mit fünf Jahren Bewährungsfrist. Seinen ehemaligen Mitstreiter **Hermann Gautier** trifft es zwei Jahre später, als auch er wegen »Staatsgefährdung und kommunistischer Unterwanderung« angeklagt wird – sogar vor dem Bundesgerichtshof in Karlsruhe. Der Prozess endet im zweiten Anlauf 1966 mit einer Verurteilung zu acht Monaten Gefängnis, die **Gautier** auf seine zu diesem Zeitpunkt bereits zehn Monate währende Untersuchungshaft angerechnet werden.

eiser & Co., Kleiner Olymp *** 4. Dezember: **Joe Henderson Quartet**, Postaula *** 8. Dezember: **Benny Bailey**, Römer *** 13. Dezember: **Gottfried Böttger** und **Joe Pentzlin**, Orchesterboden im Packhaus *** 15. Dezember: **Sigi Busch** und **Christoph Spendel**, Sendesaal Radio Bremen *** 20. Dezember: Benefizkonzert für **Zbigniew Seifert**, u.a. mit **Ed Kröger**, **Jazztruck**, **Uli Beckerhoff**, **Eberhard Weber** und **Philip Catherine**, Glocke *** 21. De-

Bürgermeister Kaisen will Hübotter nicht ehren

Doch es muss nicht nur Gefängnis sein, wie auch **Dr. Klaus Hübotter** – später ausgezeichnet mit dem „Deutschen Preis für Denkmalpflege“ und erster Träger der „Bremer Auszeichnung für Baukultur“ – 1963 in Bremen erleben muss. Im Februar wird dort bekannt, dass die Stiftung der Deutschen Gemeinden und Gemeindeverbände zur Förderung der Kommunalwissenschaften **Hübotters** Doktorarbeit mit einer 1000-Mark-Prämie würdigen will – damals eine beachtliche Summe. Daraufhin soll der Jurist diese, samt Ehrenurkunde, zunächst sogar direkt aus der Hand von Senatspräsident und Bürgermeister **Wilhelm Kaisen** überreicht bekommen. Einen Tag vor dem feierlichen Ereignis sagt **Kaisen** indes plötzlich ab, wegen »*Arbeitsüberlastung*«. Ein neuer Termin werde noch bekannt gegeben. Dazu soll es aber eigentlich schon nicht mehr kommen, denn die Bremer Kriminalpolizei ist bei der Überprüfung **Hübotters** auf etwas gestoßen: Wegen Mitgliedschaft in der Freien Deutschen Jugend (**FDJ**) hat **Klaus Hübotter** in den 50er Jahren knapp neun Monate in Untersuchungshaft gesessen. Und das ist offenbar bereits Grund genug für **Wilhelm Kaisen**, die Ehrenurkunde sofort postwendend an die Stiftung zurück zu senden. Diese teilt **Hübotter** daraufhin mit, unter Berücksichtigung seiner »*belasteten Vergangenheit*« könne nun doch keine Prämierung seiner Doktorarbeit „Rechts- und Organisationsfragen beim Bau neuer Gemeinden in der Bundesrepublik“ erfolgen. Erst als der versierte Jurist den verschreckten Stiftern belegen kann, dass er 1961, zum Zeitpunkt seiner Promotion, bereits wieder ein einwandfreies polizeiliches Führungszeugnis hatte, lenken diese im Juli 1963 doch noch ein. Eine öffentliche Ehrung gibt es für **Dr. Klaus Hübotter** trotzdem nicht mehr – die Urkunde wird ihm jetzt einfach per Post zugestellt.

Knapp verpasst: Mützelburgs Kündigung

»*Wir stehen nicht am Ende unserer Demokratie, wir fangen erst richtig an*« – Was beim 1969 frisch gewählten Bundeskanzler

zember: **Jean „Toots“ Thielemans,** Römer *** **1978** *** 17. Januar: **Udo Lindenberg** mit **Panikorchester,** Stadthalle *** 23. Januar: **Blood, Sweat & Tears,** Stadthalle *** 25. Januar: **Roy Harper** *** 6. Februar: **Azimuth,** Sendesaal Radio Bremen *** 25. Februar: **Klaus Doldinger's Passport,** Glocke *** 28. Februar: **Emmylou Harris & The Hot Band,** Glocke *** 28. Februar: **Ruphus,** Bürgerzentrum Neue Vahr *** 11. März: **Georges Moustaki,** Glocke *** 11. März:

Politische Grafik: Von einem Künstler auf dem Bremer Flohmarkt 1976 für 5 DM handgemaltes Plakat zur Unterstützung einer Initiative gegen Berufsverbote.

Willy Brandt noch so hoffnungsvoll klingt, wird spätestens im Januar 1972 durch den von ihm initiierten „Radikalenerlass" überschattet. Der von Bürgermeister **Hans Koschnick** geführte Bremer Senat greift diesem Erlass sogar noch vor: Bereits Ende Juli 1971 lehnt er die Berufung des Münchener Soziologen **Prof. Dr. Horst Holzer** als Hochschullehrer an die Universität Bremen mit dem Verweis darauf ab, dass **Holzer** Mitglied der 1968 gegründeten Deutschen Kommunistischen Partei (**DKP**) sei. Zahlreichen weiteren bekennenden Linken wird nun der Weg in den öffentlichen Dienst verbaut bzw. ihre Entfernung daraus betrieben. Allein 1974 trifft es unter anderem **Siegfried Faulstich**, bis dahin Studienassessor am Schulzentrum Lesum, und **Karin Maier**, zuvor Studienassessorin am Gymnasium Huckelriede.

Weil er angeblich dem Kommunistischen Bund Westdeutschlands (**KBW**) zu nahe steht, droht auch Universitätsplaner und Personalratsmitglied **Dieter Mützelburg** – der 2007 schließlich, zuvor Landesvorsitzender der Grünen, Staatsrat im Finanzressort der Bremer Landesregierung wird – ab Ende 1975 die Kündigung aus politischen Motiven, und das trotz umfassender Rückendekkung durch die Hochschule. So lehnt etwa der Rektor der Universität Bremen, **Prof. Dr. Hans-Josef Steinberg**, zunächst die Aufforderung von Wissenschafts- und Kunstsenator **Horst-Werner Franke** ab, beim Personalrat die außerordentliche Kündigung **Mützelburgs** zu beantragen. Dies geschieht erst auf nochmalige Aufforderung durch den Senat, und auch nur »*unter Protest*«. Obwohl der Personalrat die Kündigung im April 1976 einstimmig ablehnt, unternimmt **Franke** weitere Schritte, um sie doch noch durchsetzen zu können.

Wenige Tage später wird **Dieter Mützelburg** dazu von Redaktionsmitglieder der am Bremer Gymnasium Horn erscheinenden Schülerzeitung „Maulwurf" befragt. Im darin veröffentlichten Interview erklärt der damals 32-jährige Diplom-Soziologe:

> »*Herr Franke vertritt die Ansicht, dass ich als Angestellter des öffentlichen Dienstes gezwungen bin, wo ich gehe und wo ich*

Woody Shaw, Römer *** 13. März: **Pat Metheny Group,** Bürgersaal Neue Vahr *** 22. März: **Henry Cow,** Sendesaal Radio Bremen *** 8. April: **Jane,** Stadthalle *** 8. April: **Dave Liebman / Ryo Kawasaki-Quartet,** Römer *** 9. April: **Julian Bream,** Glocke *** 10. April: **Franz Josef Degenhardt,** Stadthalle *** 13. April: **Mikis Theodorakis** und **Greek Folk Orchestra,** Glocke *** 16. April: **Wolf Biermann,** Stadthalle *** 29. April: **Lake** und **Chi Coltrane,** Glocke *** 23. April:

stehe diesen Staat und seine Gesellschaftsordnung zu verteidigen. Diese Ansicht teile ich nicht. Wenn man mit seiner Unterschrift unter den Arbeitsvertrag nicht nur seine Arbeitskraft, sondern auch seine politische Einstellung verkauft, so kommt das einer politischen Entmündigung gleich.«

Mützelburg weiter:

»Das Grundgesetz bietet politisch anders Denkenden auf dem Papier einen breiten Spielraum. Werden jedoch ernsthafte Aktionen innerhalb dieses Spielraums durchgeführt, wird das Recht auf dem Schleichweg wieder unterdrückt.«

Zu seinen Berufsaussichten für den Fall einer Kündigung sagt er:

»Im öffentlichen Dienst würde ich verständlicherweise keine Anstellung mehr finden und in der Privatwirtschaft wahrscheinlich auch kaum, da der Verfassungsschutz seine Informationen seit geraumer Zeit auch an diese weitergibt, wie zum Beispiel in Niedersachsen. Das käme einem Berufsverbot gleich.«

Dazu kommt es dann allerdings doch nicht: Im September 1976 lehnt das Bremer Verwaltungsgericht die von Wissenschafts- und Kunstsenator **Horst-Werner Franke** vorangetriebene Kündigung von Universitätsplaner **Dieter Mützelburg** schließlich aus formalrechtlichen Gründen ab: Die vorgeschriebene Frist für die Einreichung des Entlassungsantrages sei um genau einen Tag überschritten worden, so die durchaus überraschende Begründung.

Lionel Hampton, Glocke *** 24. April: **Release Music Orchestra,** Bürgerzentrum Neue Vahr *** 2. Mai: **Electric Light Orchestra,** Stadthalle *** 18. Mai: **Jeremy Steig / Joe Chambers,** Bürgerhaus Vegesack *** 23. Mai: **Sunburst,** Sendesaal Radio Bremen *** 24. Mai: **Robert Gordon** und **Link Wray,** Bürgerzentrum Neue Vahr *** 25. Mai: **Joachim Kühn, Larry Coryell** und **Philip Cathérine,** Glocke *** 29. Mai: **Das**

Sprengkörper und Knallköpfe

Echte Bomben, falsche Beschuldigungen: Terror-Fieber

Anfang April 1970 wird der flüchtige Kaufhausbrandstifter **Andreas Baader** in Berlin verhaftet, jedoch bereits Mitte Mai wieder gewaltsam befreit – die Geburtsstunde der zunächst als **Baader-Meinhof**-Gruppe bezeichneten Verbindung, die in den kommenden Jahren als „**Rote Armee Fraktion**" (**RAF**) für blutige Schlagzeilen sorgen wird. Unterstützer der aus dem Umfeld der **68er-Bewegung** hervorgegangen Gruppe gibt es auch in Bremen. Unter dem Vorwand der Terrorismusbekämpfung geraten **Linke** nun jedoch per se unter **Generalverdacht**.

Maschinenpistolen gegen Dreijährige

Auch der Bremer Immobilienmakler **Dr. Klaus Hübotter** und seine Familie finden sich in diesem Klima der **Hexenjagd** am 10. Februar 1971 plötzlich im Fadenkreuz der Polizei wieder, wie **Hübotter** tags darauf in einem Telegramm an die Bremer Staatsanwaltschaft schreibt, das auch Bürgermeister **Hans Koschnick** und dem Hamburger Nachrichtenmagazin **SPIEGEL** übermittelt wird:

»Gestützt einzig und allein auf eine gemeine und hinterhältige Denunziation, um deren diskrete Verifizierung man sich in keiner Weise bemühte, startete die politische Polizei gestern Abend zwischen 18 und 23 Uhr einen Großeinsatz gegen mein Büro, meine Wohnung und

Dritte Ohr, Römer *** 11. Juni: **Art Blakey's Jazz Messengers,** Treffpunkt Roland *** 12. Juni: **Genesis,** Stadthalle *** 24. Juni: **Rademaker, Packeiser & Co.,** Forum Osterdeich *** 27. Juni: **Egberto Gismonti / Nana Vasconcelas,** Bürgerzentrum Neue Vahr *** 1. Juli: **Carla Bley Band,** Sendesaal Radio Bremen *** 15. Juli: **Betty Carter** und **John Hicks**

Familie; mit der Begründung, ich habe dem vor Monaten in Westberlin geflüchteten Baader, den ich in meinem ganzen Leben noch nie gesehen habe und mit dem ich nicht das Geringste zu tun habe und haben will, Unterschlupf gewährt. Über 20 Beamte, darunter schwerbewaffnete Polizisten mit Maschinenpistolen, angefahren in zwei Polizeieinsatzwagen und mehreren PKWs, umstellten Wohnung und Büro und drangen ohne Haussuchungsbefehl ein. Als sie in meine Wohnung kamen, befanden sich hier nur meine 5 und 6 Jahre alten Töchter, deren dreijährige Freundin und eine fünfzehnjährige Nachbarstochter. Wohnung und Büro wurden total untersucht, Privatpost ungeprüft beschlagnahmt und anschließend meine Frau und ich bis gegen 23 Uhr auf dem Polizeipräsidium ergebnislos vernommen. Der Denunziant wurde uns nicht mitgeteilt. Inzwischen wurde jedoch die gesamte Presse einseitig und unvollständig von dieser Aktion informiert.
Namens meiner Familie und meiner Firma protestiere ich auf das Schärfste gegen diese unsinnige, rechtswidrige und rufschädigende Aktion.
Dr. Hübotter«

Kronzeuge und Polizeipräsident als Denunzianten?

Acht Landes- und Unterbezirksdeligierte des **Ortsvereins Steintor** der **SPD Bremen** schreiben tags darauf in einem Offenen Brief an **Franz Löbert**, Senator für Inneres, und **Dr. Ulrich Graf**, Senator für Justiz und Verfassung:

»Mit Bestürzung haben wir von der unserer Einschätzung nach illegalen Polizeiaktion gegen Herrn Dr. Klaus Hübotter, Inhaber der gleichnamigen Grundstücksgesellschaft, Kenntnis genommen. Wir müssen diese Aktion als groben Verstoss gegen grundlegende Menschenrechte und unsere Rechtsstaatlichkeit ansehen. Wir fordern die Herren Senatoren Löbert und Dr. Graf auf, zu erklären: 1.) Warum ist trotz offensichtlich ausreichen-

Quartet, Treffpunkt Roland *** 15. Juli: **Eric Kloss / Barry Miles,** Bürgerzentrum Neue Vahr *** 27. Juli: **Rademaker, Packeiser & Co.,** Treffpunkt Roland *** 4. September: **Frank Zappa** und **Peter Gabriel,** Stadthalle *** 6. September: **Patti Smith,** Stadthalle *** 11. September: **Ralph Towner / John Abercrombie,** Stubu *** 21. September: **Jango Edwards & Friends Roadshow,** Glocke *** 24. September: **Rory Gallagher,** Stadthalle *** 2. Oktober: **Tri Atma** *** 9. Oktober:

Mehrfach im Fadenkreuz der politischen Polizei: Bauunternehmer und Mäzen Dr. Klaus Hübotter (2008).

Chuck Berry, Stadthalle *** 10. Oktober: **Paco de Lucia,** Glocke *** 12. Oktober: **Eberhard Weber's Colours,** Stubu *** 21. Oktober: **Ougenweide,** Glocke *** 24. Oktober: **Chris Barber's Jazz Band** mit **Sammy Rimington,** Glocke *** 28. Oktober: **Grobschnitt,** Stadthalle *** 30. Oktober: **Toto Blanke's Electric Circus,** Stubu *** 5. November: **Smokie,** Stadthalle *** 16. November: **Santana,** Stadthalle *** 20. November: **Konstantin Wecker,** Glocke *** 30. November:

der Zeit ohne richterlichen Durchsuchungsbefehl vorgegangen worden? Schließlich war es möglich, die Presse rechtzeitig zu informieren und das Haus den ganzen Tag bewachen zu lassen. 2.) Wer war der Informant, oder handelte es sich um eine anonyme Denunziation? Wir befürchten, dass die Geheimhaltung des Informanten der willkürlichen oder gar wirtschaftlich motivierten Denunziation Vorschub leistet.«

Für die Ermittlung des »verleumderischen Denunzianten« setzt **Hübotter** eine Belohnung von 10.000 Mark aus – die gleiche Summe, die auf den Fahndungsplakaten für die Ergreifung von **Ulrike Meinhof** steht. Vieles spricht dafür, dass es sich bei dem zweifelhaften Informanden der Polizei um das wenige Wochen zuvor verhaftete **RAF**-Mitglied **Karl-Heinz Ruhland** handelt, das später auch im Prozess gegen **Horst Mahler** wegen der **Baader**-Befreiungsaktion als Kronzeuge auftritt.

Opfer der allgemeinen Terror-Hysterie wird im Februar 1971 ebenfalls **Dr. Waldemar Klischies**, Senatsdirektor beim Senator für Inneres **Franz Löbert**. Weil sich **Klischies**' Name im beschlagnahmten Notizbuch eines katholischen Pfarrers findet, dem die Polizei Verbindungen zur **RAF** unterstellt, wird er auf Antrag **Löberts** kurzerhand in den einstweiligen Ruhestand versetzt. Vier Jahre später kommt es zum Eklat, nachdem der Fraktionsvorsitzende der Bremer CDU, **Bernd Neumann** – 2005 schließlich zum **Kulturstaatsminister** ernannt – im Zusammenhang mit den Ermittlungen gegen **Klischies** in einer Sondersitzung der Bremischen Bürgerschaft aus einem illegal mitgeschnittenen, vertraulichen Telefongespräch zwischen dem für die CDU tätigen Journalisten **Werner-**

David Qualey, Glocke *** Dezember: **Soft Machine** (letzter Auftritt) *** **Paco de Lucia,** Sendesaal Radio Bremen *** **1979** *** 19. Januar: **Udo Lindenberg's „Rock Revue Dröhnland"**, inszeniert von **Peter Zadek,** Stadthalle *** 20. Januar: **Queen,** Stadthalle *** 30. Januar: **Champion Jack Dupree,** Stubu *** 5. Februar:

Joachim Siegerist und **Polizeipräsident Erich von Bock und Pollach** zitiert. Dieser bricht daraufhin zusammen und wird wegen **Geheimnisbruchs** seines Amtes enthoben. Nachdem die Staatsanwaltschaft aufgrund der **Tonbandaffaire** auch gegen ihn ermittelt, wird ein halbes Jahr später die **Immunität Neumanns** aufgehoben. Sonst durchaus gesprächig („*Neumann weiß was Arbeit heißt*“), hat er vor einem parlamentarischen Untersuchungsausschuss zuvor überraschend die Aussage verweigert.

Explosionen in der Neustadt und im Hauptbahnhof

Im Oktober 1974 kommt es in einer Wohnung in der **Pappelstraße** in der Neustadt zu einer offensichtlich versehentlich ausgelösten **Explosion**. Die Polizei nimmt den dort aufgefundenen Verletzten, **Wolfgang Quante**, als **mutmaßlichen Terroristen** fest, nachdem sie in der Wohnung weitere **Waffen** entdeckt hat, die der **RAF** zugeordnet werden. Sein Name steht ein halbes Jahr später – bei der fehlgeschlagenen **Besetzung der deutschen Botschaft in Stockholm** durch das **Kommando Holger Meins** der **RAF** – auf der Liste der Freizupressenden. In einem extra für diesen Zweck umgebauten Gebäude auf dem Gelände der **Justizvollzugsanstalt Oslebshausen** wird **Quante** Ende 1976 zu einer mehrjährigen **Jugendstrafe** verurteilt.

Durch die **Explosion** in einem **Gepäckschließfach** des **Bremer Hauptbahnhofs** werden im Dezember 1974 sechs Personen teils schwer verletzt. Der ehemalige **RAF-Strafverteidiger** und **Grünen-Politiker Hans-Christian Ströbele** erklärt dazu Jahrzehnte später: »*In den folgenden Jahren wurden nie Verdächtige genannt. Ein Strafverfahren wurde nicht durchgeführt. Der Anschlag scheint von der Justiz unbearbeitet vergessen. Bis heute ist nicht geklärt, wer diese Bomben tatsächlich gelegt hatte und wer dahintersteckt. Jedenfalls ist nie etwas darüber in die Öffentlichkeit gelangt.*«

Clannad, Glocke *** 16. Februar: **Klaus Hoffmann,** Glocke *** 16. Februar: **Dire Straits,** Stadthalle *** 19. Februar: **Scorpions,** Stadthalle *** 20. Februar: **Nazareth,** Stadthalle *** 1. März: **Chuck Mangione Quintet,** Aladin *** 3. März: **Roxy Music,** Stadthalle *** 10. März: **Eloy,** Stadthalle *** 13. März: **Art Ensemble of Chicago,** Uni-Mensa *** 16.

Kulturbanausen und H-Verlust

Der „Bremer Stil" mischt die Bühnenlandschaft auf

Bis Mitte 1962 verfügt Bremen über ein zwar gut besuchtes, jedoch gänzlich unspektakuläres Theatergeschehen. Dann kommt **Hübner**. Der Schauspieler, Theaterregisseur und Theaterintendant **Kurt Hübner**, zuvor in Ulm tätig, rückt das **Theater am Goetheplatz** – wie auch die weiteren Spielstätten – binnen kürzester Zeit ins Blickfeld der gesamten Theaterwelt, macht Bremen zu *der* Theaterstadt Deutschlands.

Ein Elefant im ALTEN GYMNASIUM

Mit seinem Gespür für Talente holt **Hübner** Regisseure wie **Peter Zadek**, **Hans Neuenfels**, **Peter Palitzsch**, **Peter Stein**, **Klaus Michael Grübner** und **Rainer Werner Fassbinder** nach Bremen; frische und lebendige Inszenierungen wie *„Cesare Pirelli jagt Donald Duck"*, *„Lauf doch nicht immer splitternackt herum"*, *„Ich versteh kein Wort, wenn das Badewasser läuft"* oder *„Weltmeisterschaft im Klassenkampf"* sorgen nun immer wieder für Schlagzeilen. **Peter Zadek**, der auch den später äußerst populären **Radio Bremen**-Moderator **Christian Günther** von Hamburg nach Bremen lockt – zunächst ans **Theater am Goetheplatz** – dreht 1968 im **Alten Gymnasium** die Schüleraufstands-Satire *„Ich bin ein Elefant, Madame"*. Nach dem gemeinsam mit **Wolfgang Menge** verfassten Drehbuch wirken darin unter anderem **Margot Trooger**, **Guido Baumann**, **Tankred Dorst**, **Ilja Richter** und auch Generalintendant **Kurt Hübner** mit.

Notstands-Eklat um Bruno Ganz

„Anarchie in Bayern", *„Das brennende Dorf"*, *„Blut am Hals der Katze"* und *„Bremer Freiheit"* zählen zu den Stücken, die **Rainer Werner Fassbinder** auf die Bremer Bühnen bringt, zu deren Ensemble im Laufe der Jahre Schauspieler wie **Bruno Ganz**, **Jutta**

März: **Klaus Doldinger's Passport,** Glocke *** 10. April: **Nina Hagen,** Stadthalle *** 11. April: **Manfred Mann's Earthband,** Stadthalle *** 14. April: **Mike Oldfield,** Stadthalle *** 17. April: **Lake,** Stadthalle *** 20. April: **Amanda Lear,** Stadthalle *** 26. April: **Ted Nugent,** Stadthalle *** 1. Mai: **John Mayall,** Aladin *** 4. Mai: **Zupfgeigenhansel,** Glocke *** 6. Mai: **Georg Danzer,** Glocke *** 10. Mai: **Jazz-Workshop** mit **Harald Eckstein, Joe Pentzlin** und **Gottfried Bött-**

Lampe, **Edith Clever**, **Vadim Glowna**, **Hannelore Hoger** und **Rolf Becker** gehören. Auch angesichts der herausragenden Arbeiten von Kostüm- und Bühnenbildnern wie **Jürgen Rose** und **Wilfried Minks** – der selbst Klassiker wie **Schiller** mit **Pop Art**-Bühnenbildern von **Roy Lichtenstein** kombiniert – und Choreographen wie **Johann Kresnik** fordert der schon bald berühmte „**Bremer Stil**" seinen Zuschauern stets Wachsamkeit und Beteiligung ab. Für gefälliges Konsumieren bleibt da wenig Raum. Wohl aber für Unverständnis und Ärger, wie sich **Ilona Caroli**, in den 60er und 70er Jahren begeisterte Theaterbesucherin, erinnert:

»Wenn es Kritik gab, dann kam sie noch am ehesten vom Premieren- und Abonnement-Publikum, das lieber Operetten als moderne Inszenierungen sehen wollte. Mitunter waren einige wirklich schockiert, es gab Buh-Rufe und Leute, die ihr Abo abgegeben haben, laut Türen knallend das Theater verließen. Aber dadurch kamen auch wieder neue junge Leute dazu, denn das Bremer Theater war damals insgesamt sehr engagiert, auch politisch.«

So unterbricht etwa **Bruno Ganz** im Mai 1968 die Vorstellung der Operette *„Der Bettelstudent"*, um auf der Bühne eine Resolution gegen die Verabschiedung der Notstandsgesetze vorzulesen, unterzeichnet von 21 Theatermitgliedern.

Thape schmeisst Hübner raus

Im Sommer 1971 dann der abrupte Schlussstrich: **Moritz Thape** (**SPD**), damals Bildungs-, Wissenschafts- und Kunstsenator in der Bremer Landesregierung unter Bürgermeister **Hans Ko-**

ger, Orchesterboden im Packhaus *** 19. Mai: **Art Blakey's Jazz Messengers,** Uni-Mensa *** 22. Mai: **Christoph Sprendel** und **Wolfgang Schlüter,** Sendesaal Radio Bremen *** 24. Mai: **Philip Cathérine, Jasper van't Hof** und **Charlie Mariano,** Aladin *** 27. Mai: **Jack DeJohnette,** Aladin *** 28. Mai: **Piirpauke,** Uni-Mensa *** 1. Juni: **Helen Schneider,** Glocke *** 6. Juni: **Schmetterlinge,** Stadthalle *** 11. Juni: **Herman Brood & His Wild Romance,** Aladin *** 14.

schnick (**SPD**), kündigt an, den Vertrag von **Kurt Hübner** als Generalintendant der Theater der Freien Hansestadt Bremen über die Spielzeit 1972/1973 hinaus nicht verlängern zu wollen – ohne ausreichende Begründung, wie es nicht nur **Ilona Caroli** sieht:

»Das Theater war eigentlich ohne ***Hübner*** *nicht denkbar. Und* ***Thape*** *– den ich nie im Theater gesehen habe – ließ einfach das Schwert der Nichtverlängerung über ihn fallen, obwohl er das überhaupt nicht beurteilen konnte. Als zuständiger Senator hätte er sich nicht inhaltlich einmischen dürfen, da blieb ihm nur zu sagen: „Die Abrechnung stimmt", ansonsten ist das doch die Freiheit der Kunst. Das ganze Theater und ein Großteil der Bürgerschaft sind dagegen Sturm gelaufen und bei sämtlichen Prospekten und der sonstigen Werbung wurde Theater in Bremen ab dann immer* ***ohne „h"*** *geschrieben,* ***„ohne Hübner"****. Und dieses* ***„Teater"*** *hat bundesweit Schlagzeilen gemacht – eine großartige Aktion. Ich habe es selten erlebt, dass eine Stadt sich so hinter einen Kunstschaffenden gestellt hat – und* ***Hübner*** *war ja weiß Gott nicht unumstritten.«*

Als damalige Bremer Jungsozialisten-Aktivistin sieht **Ilona Caroli** für das Vorgehen von **Moritz Thape** vor allem einen innerparteilichen Grund:

»Die SPD bestand zu dieser Zeit noch in erster Linie aus Arbeitern und Kleinbürgertum – das waren ***Kulturbanausen****! Die konnten mit Kultur, mit Intellektuellen gar, einfach nicht umgehen. Das war das Problem. Die standen fassungslos vor Inszenierungen, wie Hübner sie machte – und dann musste der eben weg.«*

Königskrönung im SCHLACHTHOF

Auf **Kurt Hübner** folgt **Prof. Dr. Peter Stoltzenberg**, unter dessen Intendanz nicht nur die spätere **Loriot**-Filmpartnerin **Evelyn Hamann** und **Barbara Sukowa** ans Bremer Theater verpflichtet werden, sondern auch Theaterregisseur **George Tabori**, der schon

Juni: **Dave Liebman Quintet**, Uni-Mensa *** 15. Juni: **Ian Dury & The Blockheads**, Stadthalle *** 18. Juni: **Kevin Coyne / Dagmar Krause**, Aladin *** 29. Juni: **Sami-Swoi**, Schlachthof *** 2. Juli: **Michael Mantler Group**, Uni-Mensa *** 3. Juli: **Jan Garbarek Group**, Uni-Mensa *** 5. Juli: **Joachim Kühn** und **Jan Akkerman**, Aladin *** 9. Juli: **Pharoah Sanders Quartet**, Aladin *** 10. Juli: **John Abercrombie Quartet**, Aladin *** 12. Juli: **Spiderwomen**, Schlachthof *** 14. Juli:

Kontroll-Abschnitt

CONCORDIA

№ 187

CONCORDIA

Schwachhauser Heerstraße

unnumerierte Plätze

№ 187

Kontroll-Abschnitt

Goetheplatz

II. Rang

Links

1 – 7

Theater der Freien Hansestadt Bremen GmbH

THEATER AM GOETHEPLATZ

II. Rang

LINKS

Reihe 1

Platz 7

22. Dez. 1980

mit seiner ersten Inszenierung im April 1976 einen Skandal auslöst: Bereits nach zehn Minuten haben über 200 Premieren-Zuschauer von „*Die Troerinnen*“ die blutreiche Aufführung verlassen.

Mit seinem experimentellen „Theaterlabor“ im ehemaligen **Concordia**-Kino, Schwachhauser Heerstraße 17, das bereits seit 1971 als Studio-Bühne genutzt wird, beschreitet **Tabori** neue Wege: **Meditation**, **Körpertraining** und **ganztägige Gruppenarbeit** führen zu Ergebnissen, die sowohl beim Publikum ankommen als auch seinen eigenen Aufstieg am Theaterhimmel beschleunigen. Dennoch verlässt **George Tabori** das Bremer Theater bereits zwei Jahre später, zeitgleich mit dem Ende der kurzen Intendanz von **Stoltzenberg**.

Die Amtszeit von dessen Nachfolger **Arno Wüstenhöfer** beginnt glorios: Schon nach der ersten Spielzeit wird das Bremer Theater von der Fachzeitschrift „**Theater heute**“ zum „**Theater des Jahres**“ gewählt. Doch zu diesem Zeitpunkt platzen die Bremer Bühnen bereits aus allen Nähten. In der Fleischmarkthalle des ehemaligen Bremer **Schlachthofs**, erste Blüte eines gerade entstehenden **Kulturzentrums Schlachthof**, findet sich ein Ausweich-Spielort für „*Die Krönung Richards III.*“ Diese Bühne geht jedoch durch den vom Bremer Senat verfügten Nacht-und-Nebel-Abriss weiter Teile des Gebäudekomplexes im August 1980 wieder verloren, was erneut zu einer Krise beim Bremer Theater führt.

Radikaler Richtungswechsel: Emblem zum Stück „Zicke-Zacke“(1967) und Erkennungszeichen des Hübner-Theaters.

Open Ohr Festival, Jugendfreizeitheim Farge *** 19. Juli: **Jango Edwards & Friends Roadshow,** Aladin *** 11. September: **Albert Mangelsdorff,** Zimmertheater *** 14. September: **Dave Liebman Quintet,** Uni-Mensa *** 15. September: **Mombasa African Rhythms & Blues,** Überseemuseum *** 28. September: **Leo Kottke,** Glocke *** 28. September: **Boston,** Stadthalle *** 29./30. September: **Rock gegen Rechts,** Uni-Gelände *** 1. Oktober: **Rory Gallagher,** Stadt-

»Nur die vielen Radfahrer stören«

Bremen sportiv: Werder, Wanz und Weserperlen

Für das Sportereignis der 60er Jahre sorgt überraschend **Werder Bremen**: Nachdem die Bremer Kicker bereits am 13. September 1961 **DFB Pokalsieger** geworden sind – mit einem 2:0 gegen den 1. FC Kaiserlautern, in der Gelsenkirchener „Glückauf-Kampfbahn“ – erringen sie schließlich am 15. Mai 1965 im Städtischen Stadion Nürnberg (später Frankenstadion) die **Deutsche Fußballmeisterschaft**, mit einem 3:2 gegen den 1. FC Nürnberg. Unter Trainer **Willi Multhaupt** spielen dabei als Torwart **Günter Bernard** und **Klaus Lambertz**, in der Abwehr **Horst-Dieter „Eisenfuß“ Höttges**, **Max Lorenz**, **Josef Piontek**, **Helmut Jagielski**, **Heinz Steinmann**, **Helmut Schimeczek**, **Wolfgang Bordel** und **Walter Nachtwey**, im Mittelfeld **Diethelm Ferner**, Mannschaftskapitän **Arnold „Pico“ Schütz**, **Willi Soya** und **Klaus Hänel** sowie im Angriff **Gerhard Zebrowsky**, **Klaus „Zick-Zack“ Matischak**, **Hans Schulz**, **Theo Klöckner**, **Dieter Thun**, **Horst Dudjahn** und **Erwin Jung**.

15 Jahre Rote Karte

»*Er steht im Tor, im Tor, im Tor, und ich dahinter*«, singt **Wencke Myrhe** auf ihrer Hit-Single von 1969 – und beschreibt damit zugleich exakt die bis dahin noch geltende **Rollenverteilung**: Denn Frauen dürfen zwar gerne mitjubeln, als aktive Spie-

halle *** 1. Oktober: **Klaus Schulze / Arthur Brown,** Glocke *** 4. Oktober: **Chris Barber / Mr. Acker Bilk,** Glocke *** 8. Oktober: **Jasper van't Hof,** Zimmertheater *** 9. Oktober: **Vince Benedetti,** Theater im Packhaus *** 14. Oktober: **Jango Edwards & Friends Roadshow,** Stadthalle *** 14. Oktober: **John Denver,** Stadthalle *** 15. Oktober: **Ralph Towner,** Kirche Unser Lieben Frauen *** 19. Oktober: **Uli Beckerhoff's Riot,** Sendesaal Radio Bremen *** 20. Oktober: **John** lerinnen sind sie hingegen im höherklassigen Fußball absolut unerwünscht. Bereits 1955 hat der **Deutsche Fußball-Bund** (**DFB**) den ihm angeschlossenen Vereinen strikt untersagt, Frauenabteilungen aufzustellen bzw. Frauen auch nur ihre Sportstätten zur Verfügung zu stellen. Erst 1970 wird dieses „**Frauenfußballverbot**" wieder aufgehoben. Zahlreiche weibliche Fußballerkarrieren werden auf diese Weise verhindert, ungezählte Frauen müssen ihren sportlichen Ehrgeiz notgedrungen auf andere Sportarten verlagern.

Ilona Caroli, als Jugendliche Deutsche Meisterin in der 4 x 100 Meter-Staffel und im Fünfkampf, hat dieses Schicksal geteilt:

Grobes Foul: Nicht Talent, sondern das Geschlecht entscheidet auch bei Werder Bremen bis 1970 über Fußballerkarrieren.

»Ich war schon als Kind fußballbegeistert, wollte schließlich mit den Jungs, mit denen ich auch auf der Straße kickte, in einen professionellen Verein gehen. Doch da hieß es dann: „Die Jungs dürfen hier spielen – Du nicht!" Das hat mich schwer getroffen. Zum ersten Mal in meinem Leben durfte ich etwas nur deswegen nicht tun, weil ich ein Mädchen war.«

So kommt sie schließlich in einen Turnverein, wird Leichtathletin.

»Aber das war für mich die ganze Zeit über lediglich ein Ersatzsport. Denn ich wollte immer nur Fußball spielen.«

Im Hinblick auf ihre spätere Karriere in der Politik – unter anderem als **Gleichstellungsbeauftragte** und **Frauen-Dezernentin** – sagt die langjährige Bremer **Juso- und SPD-Aktivistin**, hier noch als **Ilona Hörnschemeyer** bekannt:

»Aus dieser Erfahrung ist letzten Endes auch meine politische Widerborstigkeit erwachsen.«

McLaughlin, Jack Bruce, Billy Cobham und **Stu Goldberg,** Stadthalle *** 20. Oktober: **Cliff Richard,** Stadthalle *** 21./22. Oktober: **Supertramp,** Stadthalle *** 22. Oktober: **John Scofield Quartet,** Packhaus *** 24. Oktober: **William Ackerman** und **Alex Grassi,** Stubu *** 25. Oktober: **Ten Years After,** Stadthalle *** 26. Oktober: **Angelo Branduardi,** Stadthalle *** 29. Oktober: **Kinks,** Stadthalle *** 31. Oktober: **Ougenweide,** Glocke *** 1. November: **ABBA,** Stadthalle

Meisterhafte Skatspielerinnen und Querfeldeinfahrer

Eine andere Männerdomäne nehmen Bremer Frauen hingegen im Sturm: Möglicherweise von der ZDF-Serie „**18, 20 – nur nicht passen**" (1965-1972) inspiriert, wird **Lea Ochs** vom **Skatclub „Bremer Schlüssel**" 1968 **Deutsche Skatmeisterin**. Im September 1971 stellt ihr Club in der Bremer Stadthalle die mit Abstand beste Damen-Mannschaft, und nur einen Monat später ist mit **Ingeborg Sorgenfrei** erneut ein „**Bremer Schlüssel**"-Mitglied **Deutsche Skatmeisterin**. Ein Titel, der durch **Ilse Repty** vom **Club „Herz-Dame**" im Oktober 1977 zum wiederholten Male nach Bremen geht, wie ebenso im September 1978 durch **Gertrud Tolzin** vom **Club „Weserperle**".

Aber auch im Wasser zeigen Bremerinnen Höchstform: Im August 1964 gewinnt **Jutta Olbrisch** vom **Bremer Sport-Club** (**BSC**) die Meisterschaft in 400 m Lagen, **Margit Hettling** vom **SV Werder** siegt in 400 m Freistil; im Juni 1978 gelingt den Schwimmerinnen ein solcher Erfolg erneut, durch **Karin Averdunk** vom **Bremischen Schwimmverein**.

Zumindest *am* Wasser wird **Wolfgang Lackmann** im September des gleichen Jahres **Bundessieger im Wettfischen**, als Mitglied des **Sportfischer-Vereins Bremen**.

Und schon im Januar 1978 erringt der Bremer Radrennfahrer **Ekkehard Teichreber** in Crailsheim die **Deutsche Meisterschaft im Querfeldeinfahren**.

Radrennen und Catchen locken Hunderttausende

Auf weitgehend vorgegebenen Bahnen bewegen sich dagegen die Fahrer des ab dem 7. Januar 1965 erstmalig nach Kriegsende veranstalteten **Sechs-Tage-Rennens**; Gastronom **Friedrich-August Gehle** hat für den Eröffnungsabend in weiser Voraussicht zunächst 12.000 Bockwürste, 9.000 Bratwürste, 2.000 Schaschlikspieße, 20 Zentner Kartoffeln für Pommes frites und 80 Fass Bier bereitgestellt. Und nicht nur seine Rechnung geht auf: In der erst zwei Monate zuvor fertiggestellten **Stadthalle** wird das Ren-

*** 4. November: **Hannes Wader,** Glocke *** 5. November: **Pierre Moerlen's Gong,** Aladin *** 8. November: **Marek und Vacek,** Glocke *** 10. November: **Jan Garbarek, Charlie Haden** und **Egberto Gismonti,** Uni-Mensa *** 13. November: **Leonard Cohen,** Stadthalle *** 14. November: **André Heller,** Glocke *** 15. November: **European Jazz Quintett,** Stubu *** 15. November: **Peter Maffay,** Stadthalle *** 16. November: **Klaus Hoffmann,** Glocke *** 17. November: **Azi-**

nen auf der **166 Meter langen Rundbahn** für die kommenden Jahrzehnte zur festen Institution, mit zeitweise **über 100.000 Zuschauern**. Hier trifft man sich gerne mit Freunden, Verwandten und Bekannten, isst und trinkt und klönt gemütlich, frei nach dem Motto: »*Nur die vielen Radfahrer stören ein bisschen …*«.

Es sei denn, wie im Januar 1971 mit **Albert Fritz**, ein Bremer fährt mit in der Mannschaft – und die gewinnt dann sogar noch. Doch auch sonst sorgen die Radler gelegentlich für kleine Auflokkerungen. So gibt es etwa im Januar 1974 eine vielbeachtete **Schlägerei** zwischen den Fahrern **Wolfgang Schulze** und **Dieter Kemper**, die allerdings relativ schnell mit der Disqualifizierung **Schulzes** endet, durchaus zum Unmut des Publikums.

Ist Bremen doch zu diesem Zeitpunkt – und an gleicher Stelle – schon lange Jahre **Catcher-Hochburg**, weiß man dort gute Schaukämpfe durchaus zu schätzen. Bis Ende 1979 haben die kampfeslustigen Ringer, von denen vor allem der mehrfache österreichische Weltmeister **Otto Wanz** zum Publikumsliebling aufsteigt, **über 1.000.000 Besucher** in die Stadthalle gezogen.

Schlagkraft stellen auch die Bremer Boxer unter Beweis: Von 1964 bis 1967 erringt **Peter Gerber** vom **Polizei-Sportverein Bre-**

muth, Kirche Unser Lieben Frauen *** 22. November: **AC/DC,** Stadthalle *** 23. November: **United Jazz + Rock Ensemble,** Stadthalle *** 24. November: **Steve Hillage,** Glocke *** 27. November: **Enrico Rava Quartet,** Zimmertheater *** 29. November: **Nick Gravenites** und **John Cipollina,** Uni-Mensa *** 30. November: **Harry Belafonte,** Stadthalle *** 1. Dezember: **Maria Muldaur,** Uni-Mensa *** 4. Dezember: **Theo Jörgensmann Quartett** *** 5. Dezember: **Police,**

men in Folge die **Meisterschaft des Deutschen Boxsportverbandes** (**DBV**) im Halbschwergewicht, 1974 und 1975 wird sein Vereinskollege **Albert Schweigert** Meister im Leichtgewicht. Mit **Kurt Lüdecke** gibt es schließlich am 16. Januar 1977 sogar einen Bremer als deutschen Profi-Boxmeister im Schwergewicht.

Mit dem GRÜN-GOLD-CLUB zur Weltklasse

Vom Ring in den Sattel: Ab 1965 findet in der Stadthalle jährlich, jeweils im Februar, das **Bremer Hallen-Reit- und Springturnier** statt. Viele bekannte Profis zeigen hier ihr Können, wie etwa Anfang der 70er Jahre Olympiasieger **Gert Wiltfang**. Den „**Großen Preis der Freien Hansestadt Bremen**" gewinnt 1975 Reiter-Legende **Paul Schöckemöhle** auf „**Agent**", 1978 geht diese Auszeichnung an den Bremer **Hans Heinrich Quellen** auf „**Pandur**" – 30.000 Zuschauer sind allein bei diesem Turnier dabei.

Ganz andere Paar-Kombinationen – jedoch mindestens so viel Anmut – bieten dagegen die zahlreichen **Tanzmeisterschaften**, ab 1965 veranstaltet in der Stadthalle, mitunter auch in der Glocke an der Domsheide. Häufig werden sie ausgerichtet vom **Grün-Gold-Club Bremen**, als deren erfolgreichste Mitglieder sich **Renate** und **Werner Renz** erweisen: 1966 erringen diese die **Deutsche Tanzsportmeisterschaft** und belegen überdies in den beiden folgenden Jahren bei **Weltmeisterschaften** einen 3. Platz in den lateinamerikanischen Tänzen und einen 4. Platz in den Standardtänzen. Seit 1969 ihre eigene Tanzschule führend, veranstalten sie ab 1975 sogar in eigener Regie in der Stadthalle **Deutsche**, **Europa**- wie auch **Weltmeisterschaften**. Das „**Grün-Gold**"-Traumpaar der 70er Jahre sind hingegen **Frauke** und **Dr. Peter Forstmann**, die unter anderem 1973 die **Deutsche Meisterschaft der Senioren Standard** gewinnen.

Ebenfalls erfolgreiche Paare – allerdings als **Rollkunstläufer** – sind im gleichen Jahr **Monika Lange** und **Ulrich Brause** vom **Allgemeinen Turn- und Sportverein** (**ATSV**) **Bremen 1860**, als Gewinner der **Deutschen Meisterschaft in der Seniorenklasse**.

Aladin *** 6. Dezember: **David Bromberg Trio,** Uni-Mensa *** 11. Dezember: **Wolf Biermann,** Stadthalle *** 15. Dezember: **Konstantin Wecker,** Glocke *** 18. Dezember: **Georges Moustaki,** Glocke *** **Philip Catherine,** Sendesaal Radio Bremen *** **1980** *** 19. Januar: **John McLaughlin, Jack Bruce** und **Billy Cobham,** Orchesterboden im Packhaus *** 28. Januar: **Stu Goldberg,** Theater im Packhaus *** 29. Januar: **Nana Mouskouri,** Stadthalle *** 29. Januar:

Sieger im Paarlauf werden die **ATSV**ler **Ute Brause** und **Klaus Richter**; im August 1977 gewinnen sie diesen Titel erneut.

Den Bogen raus hat auch **Bruno Schnoor**: Bei den **Europameisterschaften der Bogenschützen** holt sich der Blumenthaler im Juli 1970 gleich zwei Einzeltitel.

Als Bing Crosby zum Golfspielen kam

Darüber hinaus ist Bremen oft Austragungsort sowohl nationaler wie auch internationaler Wettkämpfe: Etwa mit dem bereits seit 1957 im Zentralbad veranstalteten **Internationalen Schwimmfest** des **Bremer Schwimm-Club** (**SC**) oder den in Garlstedt ausgetragenen **Golfmeisterschaften** des **Bremer Clubs zur Vahr** – an denen am 30. Juli 1975 sogar der weltberühmte Schauspieler und Sänger **Bing Crosby** („White Christmas") teilnimmt.

Prominente Gäste dürfen ebenso die **Schachsportler** begrüßen: Im April 1973 spielt **Dr. Michail Botwinnik**, sowjetrussischer **Schachweltmeister** von 1948 bis 1963, gegen Mitglieder der **Schachabteilung des SV Werder**. Und im März 1977 – zum 100jährigen Jubiläum die **Bremer Schachgesellschaft von 1877** – treten sowohl der sowjetrussische **Fernschachweltmeister** (1975-1980) **Jakow B. Estrin** als auch der ebenfalls seit 1975 amtierende, reguläre **Schachweltmeister Anatoli Karpow** in Bremen zu Simultanpartien an. Von diesen offenbar höchst angetan, ist **Karpow** drei Jahre später erneut Gast der **Bremer Schachgesellschaft**. Simultan spielt er nun gleich gegen 20 der stärksten **1877er**-Mitglieder, und das zudem noch an einem gänzlich unerwarteten Ort: in dem von **Olaf Dinné** und **Dr. Klaus Hübotter** Am Wall 164 erbauten **Wall-Café**.

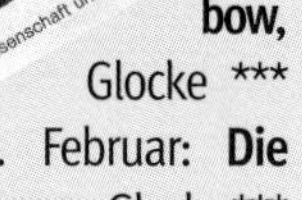

Clannad, Uni-Mensa *** 30. Januar: **Ritchie Blackmore's Rainbow,** Stadthalle *** 30. Januar: **Alan Stivell,** Glocke *** 2. Februar: **Hans Scheibner,** Glocke *** 5. Februar: **Die Drei Tornados,** Uni-Mensa *** 23. Februar: **Julian Bream,** Glocke ***

Tigertanker, Schweinereiter und Blechesel

Von der Borgward-Pleite zum Internationalen Fahrradkongress

Die 60er Jahre beginnen mit einem Schock für Bremens Automobilindustrie: Kaum haben die neben **Borgward** und **Goliath** zur **Borgward-Gruppe** gehörenden **Lloyd Motorenwerke** ihr neues Modell **Arabella** – eine ernsthafte Konkurrenz für den **VW Käfer** und den **DKW Junior** – vorgestellt, führen Absatzschwierigkeiten zum schnellen Untergang der drei Betriebe. Um deren rund **20.000 Arbeitsplätze** zu retten, springt Bremens Senat zunächst mit Bürgschaften in Höhe von 20 Millionen DM ein und übernimmt das angeschlagene Autoimperium kurz darauf, durch die Investition weiterer 50 Millionen DM, als **Borgward-Werke AG**. Doch der anhaltende Kapitalbedarf von **Borgward**, **Goliath** und **Lloyd** kann nicht gedeckt werden, und so kommt es im Sommer 1961 zum **Konkurs**. 15.200 Automobilarbeiter werden entlassen.

Ein Jahr später kauft eine mexikanische Firma die Fertigungsmaschinen für die **Borgward**-Modelle **Isabella** und die Limousine **P 100**, die in Mexiko **Daimler-Benz** Konkurrenz machen soll. Nach erheblichen Startschwierigkeiten trifft in Bremen schließlich im Mai 1968 ein in Mexiko unter seiner neuen Bezeichnung **230 GL** hergestellter **P 100** ein. Bereits 1970 endet die gerade erst wieder aufgenommene **Borgward**-Produktion jedoch auch dort.

25. Februar: **Toto Blanke / Rudolf Dasek,** Zimmertheater *** 29. Februar: **Barclay James Harvest,** Stadthalle *** 29. Februar: **Erika Pluhar,** Glocke *** 29. Februar: **Barclay James Harvest,** Stadthalle *** 2. März: **Inga Rumpf,** Aladin *** 4. März: **Golden Oldie Night** mit **Dozy, Beaky, Mich & Titch, Tremeloes, Troggs** und **Marmalade,** Stadthalle *** 4. März: **Simple Minds,** Aladin *** 6. März: **Johnny Griffin Group,** Uni-Mensa *** 9. März: **Morrissey Mullen Band,** Ala-

»Die Dinger sprangen nie an«

Das seit Anfang der 50er Jahre andauernde „**Wirtschaftswunder**“ führt zu einem **Autoboom**, dem die Städte kaum gewachsen sind. Gab es in Bremen bei Kriegsende nur etwa 800 zugelassene Kraftfahrzeuge, sind es 1956 schon rund 35.000, mit rapide steigender Tendenz. So holen sich ab Anfang der 60er Jahre immer mehr Autobesitzer bereits nach 50-100.000 km Laufleistung einen **Neuwagen**, was die Preise für **Gebrauchtwagen** drastisch sacken lässt – für viele der Einstieg in die Motorisierung, auch für **Ilona Caroli** und ihre Familie:

*»Ein gebrauchter **VW** mit **Brezelfenster** war 1965 unser erstes Auto, das habe ich für 500 DM gekauft. Als die Kinder dann größer wurden, musste es ein **VW Variant** sein, denn da konnte man hinten die Kinderkarre, das Dreirad und noch jede Menge mehr unterbringen. Einen **Renault 2CV** bin ich auch gefahren, eine rote **Ente**; die konnte ich damals einem Journalisten von Radio Bremen für 250 DM abkaufen – und diese **Ente** liebte ich! Das erste wirklich niegelnagelneue Auto wurde von uns erst 1975 angeschafft, vorher waren das natürlich immer Gebrauchtwagen.«*

din *** 11. März: **Mick Nock,** Sendesaal Radio Bremen *** 15. März: **David Qualey,** Glocke *** 19. März: **Bill Connors / Jean-François Jenny-Clark Duo** mit **Barre Phillips, John Surman** und **Aina Kemanis,** Kirche Unser Lieben Frauen *** 20. März: **Joe Jackson,** Aladin *** 24. März: **Schroeder's Roadshow,** Uni-Mensa *** 25. März: **Mike Westbrook Brass Band,** Aladin *** 27. März: **Commander Cody Band,** Aladin *** 28. März: **Jethro Tull,** Stadthalle *** 29. März: **Sonny**

Olaf Dinné hat ebenfalls noch lebhafte Erinnerungen an seine ersten Autos aus zweiter, mitunter sogar dritter Hand, deren technischer Standard damals offenbar mehr als zu wünschen übrig läßt:

*»Autos – das war früher ein Albtraum. Ich hatte zunächst einen **Messerschmitt Kabinenroller**, ein furchtbares Ding. Dann bin ich eine von meinem Schwiegervater ausrangierte **Isetta** gefahren und danach kamen fast nur noch **VWs**, gebrauchte natürlich. Die sprangen nie an, diese Dinger – im Winter schon gar nicht! Deshalb stellte man sich möglichst an irgendwelche Kanten, um von dort mit etwas Schwung zu starten. Man wusste immer, dass man nicht einfach losfahren konnte, sondern stets eine Viertel- oder halbe Stunde dazu rechnen musste – das war ein ewiges Theater. Selbst bei neuen Autos war das so: Die sprangen zunächst zwar an, aber es dauerte gar nicht lange, dann waren die auch nicht mehr zuverlässig.«*

Terry & Brownie McGhee, Uni-Mensa *** 1. April: **Bettina Wegner,** Glocke *** 15. April: **Luther Allison Blues Band,** Uni-Mensa *** 17. April: **Mitch Ryder,** Aladin *** 19. April: **Johnny Cash,** Stadthalle *** 21. April: **Art Ensemble of Chicago,** Uni-Mensa *** 23. April: **Frey-Tiepold-Thierfelder,** Uni-Theatersaal *** 23. April: **Georg Danzer,** Glocke *** 25. April: **Mike Oldfield,** Stadthalle *** 26. April: **Joan Armatrading,** Stadthalle *** 27. April: **Georg Kreisler,** Zimmer-

Auseinandergenommen und abgeschleppt

Ein spezielles Modell von **Renault**, das 1962 beworben wird mit „***4 Personen – 5 Türen – viele Koffer – Nie abschmieren – Nur ein wenig Benzin – Nie Kühlwasser nachfüllen***“, ist **Olaf Dinné** noch besonders präsent:

*»Ich habe den ersten **R4** hier in Bremen gefahren. Das war ein abenteuerliches Auto – völlig aus Blech – und kostete genau 3.999 DM. Aber immerhin konnte man einen Wagen wie diesen noch ziemlich einfach selbst auseinander nehmen, ohne die ganze Elektronik, die dann später dazu kam.«*

Die wachsende Autolawine inspiriert nicht zuletzt die Mineralölgesellschaften, deren Kampagnen oft sprichwörtlich werden: „***Nimm Dir Zeit – und nicht das Leben!***“, lautet etwa 1966

theater *** 1. Mai: **Scorpions** und **Lucifer's Friend,** Stadthalle *** 8. Mai: **John Hammond,** Hotel Osterdeich *** 9. Mai: **Lu Lafayette's Wolfsmond,** Uni-Mensa *** 16. Mai: **Donovan,** Glocke *** 19. Mai: **Tony Williams Trio,** Uni-Mensa *** 26. Mai: **Steel Pulse,** Aladin *** 27. Mai: **Frank Zappa,** Stadthalle *** 1. Juni: **Frankfurt City Blues Band,** Bürgerhaus Weserterrassen *** 2. Juni: **Ludwig Hirsch,** Glocke *** 2. Juni: **Auflauf,** Uni-Mensa *** 3. Juni: **Fleetwood Mac,** das Motto einer **Gasolin**-Verkehrsaktion, dem **ESSO** sein „***Pack den Tiger in den Tank!***“ entgegensetzt, während die Bremer Polizei bereits 1960 Kameras in Stellung bringt, zur **Geschwindigkeitsüberwachung**. Um die wachsenden **Parkplatzprobleme** in den Griff zu bekommen, entsteht im gleichen Jahr an der Pelzerstraße Bremens erste **Hochgarage**, der zügig weitere folgen; 1964 wird am Domshof die erste **Tiefgarage** eröffnet. Nach der **neuen Straßenverkehrsordnung** von 1967 ist auf den Straßen jetzt sowohl das **Wagenwaschen** als auch das **nächtliche Parken** erlaubt. Verbotswidrig in den Ladezonen der Innenstadt zu parken kann hingegen ab Juli 1973 gefährlich werden: Die Polizei lässt nun **abschleppen**. Zeitgleich wird die in ihrer gesamten Länge zu Bremens erster **Fußgängerzone** umgebaute Sögestraße eingeweiht, an deren Anfang ab 1974 die Bronzegruppe „Schweinehirt und seine Herde“ des Bildhauers **Peter Lehmann** steht – im Sitzbereich stets auf Hochglanz poliert.

Einem deutlich erhöhten Umweltbewusstsein geschuldet, wächst zum Ende der 70er Jahre hin die Fahrradbegeisterung im mit Fahrradwegen üppig ausgestatteten Bremen. Während 1978 die erste „**Aktion Kommunales Fahrrad**“, bei der in der Innenstadt kostenlose Leihfahrräder angeboten werden, noch wenig verfängt, wird sie im zweiten Anlauf 1979 bereits stark genutzt. Der Bremer Transportfachmann **Jan Tebbe** gründet schließlich im April 1979 den **Allgemeinen Deutschen Fahrrad-Club** (ADFC), dem Club-Gründungen im ganzen Bundesgebiet folgen. Zum Internationalen Fahrradkongress „**Velo/City**“, ein Jahr später vom ADFC und der Bremer Universität veranstaltet, kommen auf Anhieb rund 500 Teilnehmer aus aller Welt nach Bremen.

Stadthalle *** 5. Juni: **Fischer-Z,** Aladin *** 6. Juni: **Roches,** Uni-Mensa *** 6. Juni: **Wolf Biermann,** Stadthalle *** 8. Juni: **Roxy Music,** Stadthalle *** 8. Juni: **Sniff'n' The Tears,** Aladin *** 17. Juni: **Blues Band,** Uni-Mensa *** 18. Juni: **Pat Metheny Group,** Uni-Mensa *** 23. Juni: **Egberto Gismonti,** Kirche Unser Lieben Frauen *** 23. Juni: **Led Zeppelin,** Stadthalle *** 24. Juni: **Santana,** Stadthalle *** 25. Juni: **1. Allgemeine Verunsicherung,** Uni-Mensa *** 27. Juni: **Lin-**

Opsternatsch bis renitent

Keine Angst vor Skandalen: Bremer beziehen Position

»... voll Schmutz und obszön – aber schön!«, heißt es in einem **Limerick** von **Schobert & Black**, den das Liedermacher-Duo 1974 im **Musikladen** von **Radio Bremen** vorträgt. Eine Sichtweise, die sich dem Bremer Senat unter Bürgermeister **Wilhelm Kaisen** (**SPD**) 14 Jahre zuvor noch völlig verschließt: Kaum hat eine unabhängige Jury mit **Günter Grass** den Träger des **Bremer Literaturpreises 1960** ermittelt, da sprechen sich die Senatoren auch schon gegen die Verleihung an **Grass** aus. Dessen gerade veröffentlichtes, später als „**Jahrhundertroman**" gepriesenes Werk „**Die Blechtrommel**" ist ihnen – im Gleichklang mit der einzigen Gegenstimme in der Jury, dem Dichter **Manfred Hausmann**, der dem Roman die »*Gefährdung, wenn nicht Zerstörung der menschlichen Seele und des menschlichen Geistes*« bescheinigt – schlicht zu obszön. Jugendsenatorin **Annemarie Mevissen** (**SPD**) befürwortet daher statt **Literaturpreis** die Aufnahme einiger Kapitel des Buches in den **Index jugendgefährdender Schriften**, und **Günter Grass** ist um seine erste Auszeichnung als Schriftsteller gebracht. Der Bremer Senat habe der Freiheit der Literatur einen empfindlichen Schlag versetzt, heißt es daraufhin in der **F.A.Z.**, der Fall sei »*beschämend und deprimierend*«. **Günter Grass** trägt es jedoch mit Fassung – noch im gleichen Jahr erhält er zumindest den **Deutschen Kritikerpreis** – und den **Sozialdemokraten** trägt er nichts nach: Bereits kurz darauf engagiert sich **Grass** im Wahlkampf für **Willy Brandt** (**SPD**). Als Nachwirkung des Skandals wird der **Bremer Literaturpreis 1961** indes nicht vergeben.

ton **Kwesi Johnson,** Überseemuseum *** 30. Juni: **Paul Motian Trio,** Uni-Theatersaal *** 1. Juli: **Dave Liebman Quintet,** Uni-Mensa *** 2. Juli: **Family of Percussion,** Uni-Mensa *** 22. Juli: **Embryo, Karnataka College of Percussion** und **Charlie Mariano,** Uni-Mensa *** 26. August: **Joan Baez,** Stadthalle *** 16. September: **Nektar,** Aladin *** 17. September: **Cliff Richard,** Stadthalle *** 21. September: **Bill Hardman / Junior Cook Quintet,** Pub auf den Höfen *** 22.

Abriss nach dem Richtfest?

Der Einstieg in die Moderne fällt schwer: Als an der Ostseite des Marktplatzes – zur Nutzung als **Haus der Bürgerschaft** – ein **Stahlbeton-Skelettbau** mit großer **Glasfassade** entstehen soll, laufen Zehntausende von Bremern dagegen Sturm. Angeführt und angestachelt wird dieser Protest von der **Bremischen Gesellschaft Lüder von Bentheim**, die es mit ihrem Namensgeber hält, dem prominenten Weserrenaissance-Architekten, der u.a. die **Stadtwaage** von 1587 und die Fassade des **Bremer Rathauses** entworfen hat. Auf seinen Spuren wandelnd, sollen an jenem Platz, wo zuvor die im Zweiten Weltkrieg zerstörte **Neue Börse** stand, lieber historische Giebelhäuser wieder aufgebaut werden – so schlägt es Baudenkmalpfleger **Dr. Rudolf Stein** im Februar 1960 vor. Das geplante **Haus der Bürgerschaft** könne man ja auch auf dem Teerhof errichten. Bürgerschaftspräsident **August Hagedorn** (**SPD**) entscheidet sich trotzdem für den modernen Entwurf von **Prof. Wassili Luckhardt**, mitten im historischen Zentrum der Stadt.

Kollision mit Weserrenaissance und Gotik: das „Haus der Bürgerschaft" am Marktplatz.

Die **Bremische Gesellschaft Lüder von Bentheim** ruft nun öffentlich zu einer **Abstimmung** auf und präsentiert bereits wenige Tage später das Ergebnis: Demnach haben **52.889 Bremer für die historischen Giebelhäuser** und nur **2.064 für den Luckhardt-Entwurf** gestimmt. Nachdem das nicht fruchtet, legt die Gesellschaft im November 1961 nach mit dem ebenfalls eindeutigen Ergebnis einer **Emnid-Umfrage**. Doch die Mehrheit der Bürgerschaftsabgeordneten stimmt für den **Luckhardt-Entwurf**, dementsprechend beginnen im April 1963 die **Fundamentarbeiten**.

September: **Hildegard Knef,** Stadthalle *** 22. September: **Hollies,** Glocke *** 24. September: **Marius Müller-Westernhagen,** Glocke *** 25. September: **Loudon Wainwright III,** Uni-Theatersaal *** 1. Oktober: **Kiss,** Stadthalle *** 3. Oktober: **Udo Lindenberg** mit **Panikorchester** und **Helen Schneider,** Stadthalle *** 6. Oktober: **Pekka Pohjola Group,** Uni-Mensa *** 9. Oktober: **Lake,** Aladin *** 10. Oktober: **Weather Report,** Stadthalle *** 12. Oktober: **Tangerine**

Von der Entscheidung der Abgeordneten wie auch den fortschreitenden Bauarbeiten gänzlich unbeeindruckt, lässt die **Bremische Gesellschaft Lüder von Bentheim** dennoch erneut eine Umfrage durchführen, dieses Mal vom **Allensbacher Institut für Demoskopie**, und schlägt überdies einen **Volksentscheid** vor.

Mittlerweile hat Bürgerschaftspräsident **August Hagedorn** Baudenkmalpfleger **Dr. Rudolf Stein** wegen **Beleidigung** verklagt – Anlass ist ein offener Brief **Steins** in den Bremer Tageszeitungen – und die Staatsanwaltschaft erhebt daraufhin **Anklage wegen übler Nachrede**. Zum Prozess gegen den bald darauf pensionierten Baudenkmalpfleger kommt es indes nicht mehr. Von seinen Verfechtern als Sinnbild für transparente Verwaltung und abhanden gekommenes Repräsentationsbedürfnis gedacht, wird das **Haus der Bürgerschaft** schließlich im September 1966 eingeweiht, in ernüchterter Stimmung und zur Gänze glanzlos.

»So etwas würde ich lieber verbrannt sehen«

Unterstützt durch den zeitgleichen Aufmacher der unabhängigen Wochenzeitung **Weser Report** („Terrorismus-Ideologie im Deutschunterricht") – verfasst von **Klaus Langhardt**, zugleich **Pressechef der CDU-Fraktion** – stellt die CDU im November 1977 in der Bremer Bürgerschaft einen **Missbilligungsantrag** wegen der Thematisierung des **Erich Fried**-Gedichtes „Die Anfrage" am Schulzentrum Lerchenstraße. Der **jüdische Lyriker**, der 1938 von Österreich nach England emigrierte, setzt sich darin mit den Ursachen auseinander, die u.a. **Ulrike Meinhof** in die Gewalt trieben. Auf einen Zwischenruf des **SPD-Abgeordneten** und **Juso-Vorsitzenden Henning Scherf** beim Verlesen dieses Antrags (*„Sie stehen in der Tradition nationalsozialistischer Bücherverbrenner!"*) antwortet der **CDU-Fraktionsvorsitzende Bernd Neumann** mit den Worten: *„Ja, so etwas würde ich lieber verbrannt sehen, das will ich Ihnen einmal ganz deutlich sagen!"*

Deutliche Worte hat **Bernd Neumann** bereits ein Jahr zuvor gefunden, als er einen Anzeigen-Boykott gegen die nordbremische

Dream, Stadthalle *** 12. Oktober: **Taj Mahal's International Rhythm Band,** Uni-Mensa *** 18. Oktober: **Jango Edwards & Friends Roadshow,** Stadthalle *** 23. Oktober: **Truck Stop,** Glocke *** 23. Oktober: **Oregon,** Uni-Mensa *** 25. Oktober: **Eloy,** Stadthalle *** 26. Oktober: **Robert Palmer,** Stadthalle *** 27. Oktober: **Malicorne,** Uni-Mensa *** 29. Oktober: **Nina Hagen,** Stadthalle *** 30. Oktober: **Rod Stewart,** Stadthalle *** 1. November: **Floh de Cologne,**

Schülerzeitung **Dabeisein** initiiert: Weil diese die Aufklärungsserien des **DGB-Jugendmagazins 'ran** abdruckt, *„in denen in eindeutiger Form frühe sexuelle Betätigung nicht nur befürwortet wird, sondern in denen auch in eindeutiger und klar verständlicher Form Handlungsanweisungen und Beschreibungen gegeben werden"*, wie sich der begeisterte Akkordeonspieler empört.

Auf den Kitzler kommt es an

Nicht nur die Vorbereitungen für die später berühmt gewordenen **Bremer Straßenbahnunruhen** vom Januar 1968 – bei denen es vordergründig um **Fahrpreiserhöhungen**, tatsächlich indes eher um einen **Schüleraufstand** gegen die noch vorherrschenden **autoritären Strukturen** in Schule und Elternhaus, die geplanten **Notstandsgesetze** und den **Vietnamkrieg** geht – finden im damals populären Veranstaltungslokal **Lila Eule** statt: Auch die Spitze der Bremer **Jungsozialisten**, organisiert im **SPD-Ortsverein Altstadt**, plant ihre Aktionen in der **Eule** – weil man hier unter sich ist und auf unorthodoxem Wege „frischen Wind" in die politische Auseinandersetzung bringen kann. **Ilona Caroli** mischt kräftig mit:

> *»Da ging es auch – angeführt von **Olaf** – um ein Stück Provokation gegen die Altvorderen der eigenen Partei. Beim **Bundestagswahlkampf 1969** etwa, da war der **Kiesinger** noch Kanzler, hieß der Slogan der CDU: „Auf den Kanzler kommt es an", und da haben wir – in der gleichen Farbe und in der gleichen Größe, das fiel überhaupt nicht auf – in einer Nacht- und Nebelaktion die ganzen Plakate überklebt. Statt „**Kanzler**" stand da dann plötzlich „**Kitzler**". Das hat wochenlang für mächtig Wirbel gesorgt. Ach, Wirbel ist gar kein Ausdruck: Das mochte man überhaupt nicht aussprechen, so obszön war das, „wie kann man nur...!". Man hatte uns ja auch gleich in Verdacht, aber nachzuweisen war keinem was. Da haben wir alle dichtgehalten.«*

JUN 2 3 1980
Mittwoch, 28. Mai '80 · 20.00 Uhr
Bremen · Stadthalle
LIPPMANN+RAU+SCHELLER PRESENT
LED ZEPPELIN
Concert '80
Nº 4444 VA-Nr. 146
Vorverkauf: DM 20,–
zuzügl. Vorverkaufsgebühr DM 2,– incl. 6,5 % MWSt.
Tourneeleitung: Lippmann + Rau GmbH + Co. KG

Schlachthof *** 6. November: **Tri Atma**, Uni-Mensa *** 7. November: **Reinhard Mey**, Glocke *** 9. November: **Bettina Wegner**, Glocke *** 9. November: **Mitch Ryder**, Aladin *** 12. November: **Margot Werner**, Glocke *** 13. November: **Dannie Richmond Quintet**, Pub auf den

Höfen *** 26. November: **Robbie Basho,** Orchesterboden des Packhauses *** 28. November: **John McLaughlin, Al Di Meola** und **Paco de Lucia,** Stadthalle *** 1. Dezember: **Queen,** Stadthalle *** 2. Dezember: **Gruppo Sportivo,** Aladin *** 5. Dezember: **AC/DC** und **Whitesnake,** Stadthalle *** 7. Dezember: **Dusko Goykovich,** Pub auf den Höfen *** (* Die teilweise aus Rezensionen rekonstruierten Termine können mitunter um einige Tage abweichen)